KB001907

다 윈 가

플 라 톤 가

지식인마을18

정약용 & 최한기

실학에
길을 묻다

지식인마을 18 실학에 길을 묻다
정약용 & 최한기

저자_ 임부연

1판 1쇄 발행_ 2007. 2. 13.
2판 1쇄 발행_ 2013. 8. 30.
2판 2쇄 발행_ 2024. 7. 1.

발행처_ 김영사
발행인_ 박강휘

등록번호_ 제406-2003-036호
등록일자_ 1979. 5. 17.

경기도 파주시 문발로 197(문발동) 우편번호 10881
마케팅부 031)955-3100, 편집부 031)955-3200, 팩스 031)955-3111

값은 뒤표지에 있습니다.
ISBN 978-89-349-2175-2 04150
        978-89-349-2136-3 (세트)

홈페이지_ www.gimmyoung.com   블로그_ blog.naver.com/gybook
인스타그램_ instagram.com/gimmyoung   이메일_ bestbook@gimmyoung.com

좋은 독자가 좋은 책을 만듭니다.
김영사는 독자 여러분의 의견에 항상 귀 기울이고 있습니다.

지식인마을18

정약용 & 최한기

丁若鏞 & 崔漢綺

실학에 길을 묻다

임부연 지음

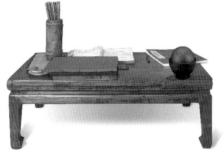

김영사

'실학'을 통한 지성적 대화와 성찰

유교의 경전인 《논어》를 보면, "아는 것을 안다고 하고 모르는 것을 모른다고 하는 것이 앎이다"라는 공자의 말이 나옵니다. 우리의 삶은 태어나면서부터 죽을 때까지 사물의 이치건 삶의 도리건 수많은 앎을 배워나가는 과정입니다. 자신이 배우고 익히거나 남에게 제시하는 앎에 대한 솔직한 반성과 정직한 고백은 쉽지 않은 일입니다. 독자 여러분과 만나기를 기다리는 지금도 제가 제대로 알지 못하면서 글을 쓴 것은 아닌지 걱정이 듭니다.

글을 쓰는 저서나 글을 읽는 독서는 모두 의미 있는 만남의 사건입니다. 독자는 글을 읽으면서 미지의 저자와 만나 자신의 세계를 더욱 풍부하게 만들고, 저자는 글을 쓰면서 미래의 독자와 만나 진지한 대화를 나누기 때문입니다. 그러한 만남 속에서 우리는 더욱 성숙하고 현명하게 살아가는 힘과 시선을 배워나가는 것은 아닐까 생각합니다. 이처럼 즐거운 변화가 생기는 진정한 '만남'이야말로 우리의 삶에서 경험하는 소중한 인연일 것입니다.

이런 소중한 인연의 꿈을 가지고 저는 조선 후기의 대표적인 사상가인 정약용과 최한기 두 분을 소개해드리려 합니다. 격변의 시대를 살았던 두 분은 기존의 학문체계를 총체적으로 비판하고 각자 고유한 의미의 '실학'과 새로운 주체의 길을 제시하였습니다. 곧 정약용은 인륜을 지향하는 실천·실용의 학문과 진실한 마음으로 남을 섬기는 윤리적 주체를, 최한기는 인간과 자연을 포괄하는 보편적인 기학氣學과 부단히 세계와 소통하며 확장되는 변통적 주체를 구성하였습니다. 저는 시대와 현실을 정직하게 고민하고 창조적인 대안을 제시한 두 분을 통해 지성적인 대화의 마당을 만들고 싶습니다.

정약용과 최한기 두 분과 나누는 지성적인 대화는 우리 자신에 대한 근본적인 성찰로 인도할 것입니다. 지난 서구적 근대화의 과정에서 우리는 사회·경제적인 개혁을 지향한 조선의 실학을 통해 주체적인 근대화의 역량을 뒷받침했습니다. 하지만 현재 서구적 근대문명이 제도적으로 정착한 한국사회에서 과거의 근대지향적인 실학은 학문적인 매력을 상실하였습니다. 이제는 서구적 근대를 성찰하고 새로운 문명의 가능성을 고민해야 합니다. 따라서 우리는 두 분의 '실학'을 통해 우리가 서 있는 자리를 반성하고 미래를 새롭게 구상하는 지성적인 대화와 성찰의 기회를 갖고자 합니다.

임부연

〈지식인마을〉시리즈는…

〈지식인마을〉은 인문·사회·과학 분야에서 뛰어난 업적을 남긴 동서양대표 지식인 100인의 사상을 독창적으로 엮은 통합적 지식교양서이다. 100명의 지식인이 한 마을에 살고 있다는 가정 하에 동서고금을 가로지르는 지식인들의 대립·계승·영향 관계를 일목요연하게 볼 수 있도록 구성했으며, 분야별·시대별로 4개의 거리를 구성하여 해당 분야에 대한 지식의 지평을 넓히는 데 도움이 되도록 했다.

〈지식인마을〉의 거리

플라톤가 플라톤, 공자, 뒤르켐, 프로이트 같이 모든 지식의 뿌리가 되는 대사상가들의 거리이다.

다윈가 고대 자연철학자들과 근대 생물학자들의 거리로, 모든 과학사상이 시작된 곳이다.

촘스키가 촘스키, 베냐민, 하이데거, 푸코 등 현대사회를 살아가는 인간에 대한 새로운 시각을 제시한 지식인의 거리이다.

아인슈타인가 아인슈타인, 에디슨, 쿤, 포퍼 등 21세기를 과학의 세대로 만든 이들의 거리이다.

이 책의 구성은

〈지식인마을〉 시리즈의 각 권은 인류 지성사를 이끌었던 위대한 질문을 중심으로 서로 대립하거나 영향을 미친 두 명의 지식인이 주인

공으로 등장한다. 그리고 다음과 같은 구성 아래 그들의 치열한 논쟁을 폭넓고 깊이 있게 다룸으로써 더 많은 지식의 네트워크를 보여주고 있다.

초대 각 권마다 등장하는 두 명이 주인공이 보내는 초대장. 두 지식인의 사상적 배경과 책의 핵심 논제가 제시된다.

만남 독자들을 더욱 깊은 지식의 세계로 이끌고 갈 만남의 장. 두 주인공의 사상과 업적이 어떻게 이루어졌으며, 그들이 진정 하고 싶었던 말은 무엇이었는지 알아본다.

대화 시공을 초월한 지식인들의 가상대화. 사마천과 노자, 장자가 직접 인터뷰를 하고 부르디외와 함께 시위 현장에 나가기도 하면서, 치열한 고민의 과정을 직접 들어본다.

이슈 과거 지식인의 문제의식은 곧 현재의 이슈. 과거의 지식이 현재의 문제를 해결하는 데 어떻게 적용될 수 있는지 살펴본다.

이 시리즈에서 저자들이 펼쳐놓은 지식의 지형도는 대략적일 뿐이다. 〈지식인마을〉에서 위대한 지식인들을 만나, 그들과 대화하고, 오늘의 이슈에 대해 토론하며 새로운 지식의 지형도를 그려나가기를 바란다.

지식인마을 책임기획 장대익
서울대학교 자유전공학부 교수

Contents 이 책의 내용

Chapter 3 대화

21세기 유교의 길을 찾아서 · 178

Chapter 4 이슈

유교는 '종교'일까? · 196
우리 미래에 대한 성찰적인 물음, 실학 · 210

丁若鏞

초대

INVITATION

崔漢綺

새로운 학문과
주체의 꿈

'실학'을 다시 생각하자

아침마다 신문이나 인터넷 뉴스를 접하다 보면, 가족관계에서조차 돈 때문에 함부로 살해를 저지르는 반인륜적인 범죄가 끊이지 않고 있다. 그리스도교의 《성경》에는 "진리가 너희를 자유케 하리라"라고 되어 있는데, 현재 한국의 자본주의 사회에서는 "돈이 너희를 자유케 하리라"라고 하는 신념이 작동하고 있는 듯하다. 일찍이 유대교 사상가인 마르틴 부버˙Martin Buber, 1878~1965 는 《나와 너Ich und Du》(1923)에서, 자신의 온 존재를 기울여 만나는 인격적인 관계Beziehung를 말한 바 있다. 나—그것의 관계처럼 남을 수단이나 물건으로 여기는 태도가 일상화된 우리 사회에서 나—너의 인격적인 관계를 주문하는 그의 발언은 현실과 동떨어져 보인다. 하지만 삶의 보람이나 희망은 바로 나와 함께 살아가는 남과의 관계에서 발생하기 마련이다. 따라서 사람의 삶에서 타인과 맺는 윤리적 관계는 여전히 우리가 고민해야 하는 현실의 과제다.

흔히 '학문'을 말하면 우리의 일상생활과 거리가 멀게 느껴지거나 일부 지식인의 문제로만 생각하기 쉽다. 하지만 우리는 알게 모르게 세분화된 학문이 생산하는 각종 지식을 배움으로써 삶을 해석하고 실천을 결정하게 된다. 이처럼 학문의 세계는 은밀하게 우리의 정신을 지배하는 권력을 행사한다. 그런데 자본의 논리가 학문을 책임지는 대학교에도 퍼져서 학문의 상업화 현상이 만연하고 있다. 예를 들어 우리가 배우는 학문들은 자본의 요구에 따라 지나치게 세분화되고 분업화되어 총체적인 삶의 지혜를 제공하지 못하는 실정이다. 더 나아가 우리 사회는 자본을 신처럼 숭배하고 인간을 상품화하면서 타인에 대한 존중과 윤리적인 자기 성찰을 결여하고 있다.

서구적 근대화에 성공한 한국사회의 병폐를 총체적으로 반성하고 치유하기 위해 우리는 조선 후기 격변의 시기에 구성된 다산茶山

> **마르틴 부버**
>
> 독일의 유대계 사상가. 유대교 신비주의 하시디즘(Hasidism) 전통을 이어받아 현대에서 유대적 인간관을 살리고자 했다. 그의 철학은 온 존재를 기울여 이루어지는 인격적인 만남과 대화에 중심을 두었는데, 여기서 만남과 대화는 궁극적으로 신과의 관계로 이어진다. 《나와 너》는 이 사상이 가장 잘 드러나 있는 책이다.

정약용丁若鏞, 1762~1836과 혜강惠岡 최한기崔漢綺, 1803~1877의 '실학實學'에 주목할 필요가 있다. 이들의 실학은 기존의 학문이나 세계관의 근본적인 한계에 대한 총체적인 반성과 비판 위에 건설된 학문적 결실이기 때문이다. 보통 조선 후기 17세기 이후 형이상학적·사변적 사유를 벗어나 실증·실용을 지향한 지성적 운동을 '실학'이라고 하는데, 정약용과 최한기의 실학은 단지 실증적이고 실용적인 사회·경제적 개혁사상에 불과한 것이 아니었다. 곧 그들의 실학은 현실과 유리된 공허한 이념주의 뿐만 아니라 현실에 매몰된 맹목적 실용주의도 지양했다. 이런 의미에서 정약용과 최한기의 실학은 단지 현실적 의의를 가진 실용주의가 아니라 고유한 언어와 세계관에 근거하여 새로운 학문과 윤리적 주체를 구성한 대안적 설계도라 할 수 있다.

조선 후기 새로운 학문의 설계자, 정약용과 최한기

성리학으로 대변되는 신유학 新儒學은 원래 도교와 불교의 공허성을 비판하면서 자신의 정체성을 구축했다. 다시 말해 성리학性理學, 곧 도학道學은 허무虛無를 강조하는 도교나 공적空寂을 내세우는 불교와 달리, 세계의 실재성과 인륜 질서의 정당성을 형이상학적으로 정초定礎 지우려는 사상 운동이었다. 그래서 도학자들은 자신의 성리학이야말로 공허한 도교나 불교와 달리 '실학'이라고 규정했다. 이처럼 성리학적인 의미의 실학은 17~19세기 조선 후기에 성리학의 정통 이념을 벗어나 사회·정치적 개혁을 추진한 고유한 사상 운동으로서의 '실학'과는 당연히 구분된다. 성리학에서도 유교적 지식인이면서 동시에 국가의 관료가 되고자 노력하는 사대부士大夫가 중심이었다. 그들 역시 자신의 인격적 성숙을 바탕으로 사람을 다스리는〔修己治人〕학문을 지향했던 것이다. 이런 맥락에서 본다면, 성리학을 사변적인 논쟁이나 일삼는 공허한 학문으로만 치부할 수는 없다. 오히려 성리학은 서구 근대를 경험하기 전까지 동북아시아의 세계관으로서 기능해 온 보편적인 학문이었다.

하지만 정약용과 최한기가 살았던 조선 후기의 상황을 보면, 도학 스스로 자신을 실학이라고 불렀던 역사는 무의미할 정도로 여러 가지 문제가 발생했다. 조선은 일본과의 전쟁王辰倭亂, 1592~1698에 이어 청나라와의 전쟁丙子胡亂, 1636~1637을 거치면서 사회적인 기반이 심각하게 붕괴된다. 특히 평소 오랑캐라고 무시하던 청나라와의 전쟁에서 굴욕적인 패배를 겪은 것은 심각한 정신적 충격을 주었다. 이러한 충격을 극복하기 위해 조선 사회는 성리학의 강화를 통해 문화적인 자부심을 확보하려 했다. 하지만 성리학의 경직화는 사회와 시대의 변화를 반영하는 새로운 사상이 유입되고 교류하

신유학

중국 송나라 때 시작된 새로운 유학으로 현대 중국의 철학사가인 펑유란(馮友蘭, 1894~1990)에 의해 만들어진 용어다. 서양에서는 Neo-Confucianism으로 번역하고 있다. 이 신유학에는 송대에 구축된 주희 계열의 성리학뿐만 아니라 명대에 유행한 왕양명(王陽明) 계열의 심학(心學)도 포함된다. 현재 중국에서는 보통 이학(理學)으로 신유학을 표현하고 있다.

는 것을 억압했으며, 붕당朋黨에 기초한 사대부 정치는 상이한 정파 사이의 비생산적인 갈등과 투쟁을 초래하기도 했다. 그리하여 주류 성리학자들은 청나라의 선진문물을 수용하지 않으려는 배타적인 태도를 보이거나, 실제 민생에 절실한 문제는 외면한 채 공허한 논쟁에 치중하는 경향이었다.

정약용은 도학의 폐쇄적인 학문 자세에서 벗어나 개방적인 태도로 서양의 과학기술을 긍정한 성호星湖 이익李瀷, 1681~1763의 학맥에서 성장한다. 성호학파 안에는 서양의 학문인 서학西學 가운데 천주교를 신앙으로 받아들이는 지식인들이 발생했는데, 정약용역시 광암曠菴 이벽李檗, 1754~1786을 통해 천주교 교리를 학습하고 마음이 기울게 된다. 그런데 천주교가 유교의 전통을 존중하던 초기와 달리 유교의 근간인 조상의 제사를 부정하는 입장을 취하며 조선 사회에 파란을 일으키게 되자 정약용은 천주교와 공식적으로 단절한다. 조선 사회의 개혁을 추진한 현명한 정조正祖, 재위 1776~1800의 총애를 받으며 벼슬살이를 하던 그는 1801년 정조의 갑작스런 죽음과 함께 천주교와 연루되었다는 죄명으로 기나긴 유배의 길을 떠난다. 18년이라는 긴 유배 기간 동안 정약용은 유교의 경전에 대한 새로운 해석과 국가의 개혁 방안을 학문적으로 정리하는 일에 매진한다. 그는 유배라는 역경에 처해서도 불굴의 의지와 신념으로 방대한 학문적 업적을 성취해 현대 한국 사회에서 조선 후기를 대표하는 사상가로 평가받고 있다.

정약용은 조선 후기의 부조리한 현실을 보면서 민중의 고통을 아파하고 국가의 장래를 근심하는 학문의 길로 나아갔다. 그가

조선 사회에서 민중이 겪는 비참한 현실을 고발한 글 가운데 〈애
절양哀絶陽〉이라는 유명한 시가 있다.

> 갈밭 마을 젊은 아낙 울음소리 서러워라
>
> 고을 문 향해 울다가 하늘 보고 부르짖네……
>
> 시아버지 죽어서 이미 상복 입었고
>
> 갓난아인 배냇물도 마르지 않았는데
>
> 삼대三代의 이름이 군적에 올라 있다네……
>
> 칼을 갈아 방 안으로 뛰어드니 피가 자리에 가득하고
>
> 남편은 아이 낳아 고난을 만났다고 스스로 한탄하네

이 시는 죽은 사람뿐만 아니라 갓 태어난 아기까지 군적軍籍에
올려 세금을 징수하던 당시의 부패 상황에 울분을 느낀 사내가
자신의 성기[陽]를 스스로 절단하고 그 아내가 울부짖는 사건을
그리고 있다. 이 사건은 백성을 착취하는 부패한 국가와 관리에
대해 자신의 생명력을 상징하는 성기를 절단하는 방식으로 저항
할 수밖에 없는 비참한 민중의 현실을 보여준다. 이러한 현실에
서 정약용은 부패한 권력을 비판하고 민생의 안정을 위한 갖가
지 개혁 방안을 구상했다. 하지만 정치·경제적인 개혁은 단지
제도만의 문제가 아니라 그것을 시행하는 관료와 지식인의 마음
과 자세 또한 중요하다. 그래서 정약용은 위선적인 지식인과 관
료의 내면을 윤리적인 자기 성찰의 자세로 바꾸기 위한 새로운
학문의 설계도를 구상한다.

최한기는 벼슬길에 나가지 않은 채 평생 서구적 근대의 학습을 통해 새로운 사유를 시도했다. 그는 조선이 서세동점西勢東漸의 흐름 속에서 결국 1876년에 일본과 강화도 조약을 맺어 개항하게 되는 격변의 시대를 살았다. 최한기는 이런 격변의 와중에 당시 서구 근대문명의 학문적 성취를 창조적으로 흡수하여 평생 책을 쓰다 죽은 사상가였다. 특히 그는 서구의 자연과학에 영향을 받아 지리와 천문, 수학과 의학 등의 최신 성과를 습득하고 전통적인 기철학氣哲學을 변형시켜 모든 학문을 종합하는 기학氣學을 제창하게 된다. 최한기의 기학은 현재 근대 학문의 분류 체계에 따르면 인문과학, 사회과학, 자연과학을 아우르는 통합의 학문이다. 그는 기학이라는 새로운 학문을 통해 세계의 변화에 능동적으로 대처할 수 있는 지식인과 윤리적 주체를 지향했다.

두 가지 실학의 길과 대화하자

이 책은 기본적으로 학문과 주체의 구성이라는 일관된 주제를 중심으로 진행될 예정이다. 정약용과 최한기는 근대 이전의 조선 사회에서 학문에 대한 종합적인 비판과 새로운 윤리적 주체의 구성을 각자 고유한 방식으로 진행한 '실학'의 대가였다. 새로운 인간을 모색하려면 기존의 학문이 갖는 문제점과 한계에 대해 명확히 인식해야 하며, 새로운 학문의 구성은 그것을 현실 사회에서 실천할 수 있는 주체의 모색 속에서 이뤄져야 한다. 정약용과 최한기는 모두 당대에 유행하던 학문 전통을 분류하여 자신의 기준을 가지고 비판 작업을 수행했으며, 그러한 학문 비판은 비판을 위한 비판에 머물지 않고 긍정적인 대안으로 이어졌다. 동시에 이들의 새로운 모색이 각각 서양 문명을 대변하는 천주교와 자연과학이라는 핵심적인 요소와 관련해 진행되었다는 점을 주목해야 한다. 우리가 외부와 단절되어 기존의 전통을 고수하면서 살 수 없듯이, 새로운 창조적 사유는 항상 외부의 자극을 주체적으로 수용하는 과정에서 발생하기 때문이다.

정약용과 최한기의 창조적인 사유로 들어가기 위해 우리는 우선 그들의 삶과 사회 개혁의 꿈에 대해 살펴볼 필요가 있다. 위대한 사상가는 자신이 살고 있던 삶과 역사의 현실을 망각하거나 외면하지 않고 정면으로 부딪치면서 자신의 사유를 구축하기 때문이다. 우리는 유배의 역경 속에서도 방대한 학문 업적을 쌓은 정약용, 세계와 소통하면서 통합의 학문을 구성한 최한기의 삶의 여정을 살펴보고, 아울러 백성을 위하고 나라를 평안하게 하는 두 사람의 사회 개혁안을 간략하게 검토할 것이다. 이러한 검토를 통해 우리는 조선 사회의 병폐를 치유하려는 두 지식인의 고민과 해법에 대해 좀더 깊이 이해할 수 있을 것이다.

둘째, 우리는 두 사람의 삶과 개혁안을 살피고 나서 학문과 주체 구성의 문제를 본격적으로 논의할 예정이다. 정약용은 인륜人倫을 기준으로 조선 후기 당대에 유행하던 학문인 술수학術數學, 과거학科擧學, 문장학文章學, 훈고학訓詁學, 서학, 성리학을 비판적으로 평가한다. 또 윤리적 실천 주체와 관련해서는, 선을 좋아하는 본성을 기초로 자기 수양에 상제上帝의 시선을 도입해 주체적인 선택으로 인륜적 실천을 지향하는 인격을 제안한다. 이에 비해 최한기는 기氣라는 개념을 중심으로 기복적인 성향의 방술方術이나 잡학雜學, 도교·불교·그리스도교 등의 외도外道, 이학理學을 차례대로 비판한다. 주체의 구성에서는 개인·사회·우주를 관통하는 운행運行과 변화의 기氣를 중심으로 외부 세계와 부단하게 소통하며 성숙해지는 인격을 제시한다.

학문과 주체의 구성에 대한 정약용과 최한기의 고유한 설계도를 검토한 뒤, 마지막에는 양자의 실학이 보여주는 공통점과 차이점에 대해 정리할 필요가 있다. 우선 다산과 혜강은 모두 내면을 벗어나 남과 맺는 윤리적 실천의 관계를 중시했다. 하지만 정약용이 마음과 통하는 인격의 하늘〔上帝〕을 통해 윤리적 실천을 도모했다면, 최한기는 우주의 보편적인 기를 삶의 궁극적인 기준으로 보았다. 그리고 다산이 유교 경전의 해석학인 경학經學에 근거하여 실천과 실용의 실학을 제시한 반면, 혜강은 경학 전통을 탈피하여 고유한 언어로 자신의 실학을 구축한다. 이런 점에서 두 사람이 비록 '현실에 기초한 진실한 학문'의 의미로 '실학'의 정신을 공유하지만 사유 구조는 근본적으로 차이가 난다.

각자 고유한 방식으로 '실학'을 구성한 정약용과 최한기의 학문 세계를 검토하고 양자를 비판적으로 비교하는 작업은 현재 우리의 자리에 대한 성찰의 계기를 줄 것이다. 한국의 근대화는 서구가 만든 역사적인 근대의 모습을 배워서 그대로 한국 사회에 적용하는 모방의 과정이었다. 하지만 지금은 서구적 근대에 대한 자기 성찰과 반성이 절실하게 필요한 시점이다. 이러한 필요에 따라 우리는 조선 후기의 정약용, 최한기와 학문적인 대화를 하려고 한다. 정약용과 최한기는 단지 서구적 근대성으로 환원될 수 없는 고유한 학문과 윤리적 주체를 구성했기 때문이다. 따라서 온 마음을 기울여 그들과 정직하고 생산적인 대화를 나눈다면, 우리가 나아갈 미래의 창조적인 지침을 얻을 수 있을 것이다.

Chapter 2

丁若鏞

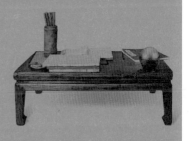

만남

MEETING

崔漢綺

격변의 삶과 새로운 모색

유배의 사상가, 다산 정약용

다산 정약용. 지금 한국 사회에서 조선 후기의 새로운 사상과 역사를 상징하는 대표적인 사상가는 바로 정약용이다. 정약용의 호號인 '다산'은 조선 성리학의 거두 이황李滉, 1501~1570의 호인 '퇴계退溪'와 더불어 가장 많이 회자되곤 한다. 그리고 조선시대를 연구하는 학계에서도 정약용은 커다란 비중을 차지해 그동안 각 분야에서 수많은 연구 성과가 축적되었다. 게다가 한국 사회의 각 분야에서 그의 학문을 '다산학茶山學'으로 부르며 새로운 의미로 계승하려는 노력이 진행되고 있다. 예를 들어 다산의 정신을 계승하여 사회 개혁 운동을 하려는 연구소나 그의 학문과 정신을 학술적으로 연구하는 재단 등이 활발하게 활동하고 있다.

그런데 '다산'이란 이름은 원래 정약용의 파란만장한 삶의 역경을 의미하는 공간이다. 다산은 바로 정약용이 유배와서 지내던 전라남도 강진康津에 있는 산의 이름이기 때문이다. 정약용은 1801년 겨울부터 1818년 해배解配될 때까지 18년 동안 유배생활을 했다. 강진에서는 어느 노파의 주막집, 보은산방寶恩山房, 제자 이정李晴의 집을 거쳐 1808년 봄이 되어서야 비로소 윤단尹慱의 산정山亭인 다산초당茶山草堂으로 이주하여 11년을 머문다. 다산초당으로 거처를 옮기면서 그는 연못을 파고 꽃과 나무를 심으며 1천여 권의 서적을 갖춘다. 그리고 바위 벽에다 '정석丁石'이란 두 글자를 새겨 자신의 흔적을 남긴다. 이러한 유배의 여정에서 탄생한 다산이란 호는 강진의 유배 경험이 갖는 중요성을 말해준다.

18년이란 기나긴 유배생활을 하게 된 것은 우선 천주교 신앙과 관련이 있다. 정약용은 퇴계 이황을 계승하는 근기近畿, 서울에서 가까운 지방 지역 남인南人 학자 가운데 거목인 성호 이익의 학맥에 속한다. 피폐한 농촌의 현실에 주목하여 토지제도의 개혁을 중시한 이익은 서학 가운데서도 천문학 등의 과학기술은 높이 평가하고 천주교 신앙은 비판적으로 대했다. 하지만 시간이 지나면서 천주교 신앙에 빠져드는 인물들이 등장하게 되는데, 1779년 천진암天眞菴의 강학회에 참여한 이벽 등이 이에 해당한다. 정약용은 이벽을 통해 천주교에 심취했다가 조상의 제사와 신주神主의 가치를 부

🏛 천진암 강학회

1779년 남인계 소장학자인 권철신과 이벽 등이 경기도 여주의 주어사(走魚寺)와 광주(廣州)의 천진암에서 강학 모임을 가졌다. 본래 유교 경전을 학습하고 경건한 수양을 실천하기 위해 열린 이 모임에서 유교와 천주교의 창조적인 만남이 발생한다. 이때 강학회에 참석한 대표적인 인물은 이벽, 정약용, 정약전, 정약종, 이승훈 등이다. 오늘날 경기도 광주시 퇴촌면에 위치해 있었던 천진암은 그 뒤 폐허가 되었지만 지금은 한국 천주교의 성지로 인정받아 한국 천주교회의 성역화 사업이 조성돼 있다.

정하는 사건을 계기로 천주교와 공식적으로 단절했다. 하지만 한때의 신앙이 정치적인 빌미가 되어 결국 귀양살이를 하게 된 것이다.

수많은 순교와 유배를 낳은 신유교옥辛酉教獄(신유년인 1801년에 일어난 천주교도 탄압 사건)은 정조의 승하가 직접적인 계기였다. 학자 군주〔君師〕를 자임한 정조는 영조英祖, 재위 1725~1776의 손자이자 불우하게 죽임을 당한 사도세자思悼世子, 1735~1762의 아들이었다. 왕이 되기 전에 그는 당쟁의 풍파 속에서 자신의 생명을 걱정하며 새벽닭이 울 때까지 책을 읽곤 했다. 사도세자를 동정하거나 탕평정책에 동조한 시파時派와 그 반대편에 있는 벽파僻派의 대립 속에서 정조는 주로 소론小論과 남인이 중심인 시파를 중용한다. 그는 천주교에 대해서도 온건한 정책을 취하여 천주교에 경도된 일부 남인계 인물을 보호해줬다. 하지만 정조의 죽음으로 노론老論 벽파가 권력을 장악하자, 천주교와 관련이 있던 정약용은 목숨만 부지한 채 유배의 길에 오르게 된다.

유배 오기 전 정약용은 정조라는 현명한 군주의 총애 속에서 벼슬살이를 했다. 정약용은 성균관의 유생 시절부터 정조의 관심을 받아 규장각奎章閣의 초계문신抄啓文臣, 규영부奎瀛府의 교서승

校書承 등의 직책을 통해 유교 경전의 강의와 편찬 및 교정 업무를 익혔다. 실무 측면에서도 그는 커다란 공헌을 했다. 한강을 건너는 배다리〔舟橋〕를 설계했고, 수원의 화성華城 축조 시 〈성설城說〉과 〈기중도설起重圖說〉을 지어올려서 막대한 비용을 절약했다. 또 금정찰방金井察訪과 곡산부사谷山府使로서 지방행정을 담당하기도 했다. 정약용은 정조 시기에 10년간 영의정의 직책으로 수많은 업적을 쌓은 번암樊巖 채제공蔡濟恭, 1720~1799의 뒤를 이어 장차 국가의 미래를 책임질 인재로 성장하고 있었다. 이러한 정약용에게 정조의 죽음과 유배는 그야말로 벼랑 끝에서 떨어지는 것과 같은 충격이었다.

하지만 셋째 형 약종丁若鍾, 1760~1801의 순교, 둘째 형 약전丁若銓, 1758~1816의 흑산도 유배라는 비통한 상황에서도 정약용은 자신의 고난에 분노와 울분으로 반응하지 않았다. 본래 잘나가던 사람이 부당한 곤경에 빠지면 화병에 걸리기 쉬운 법이다. 하지만 '근심 속에 즐거움이 있다〔憂中有樂〕'는 말처럼, 정약용은 시련과 역경의 운명을 자기 성숙의 계기로 삼는다. 오히려 그는 곤경에 처한 뒤에야 진정으로 독서와 저술을 제대로 할 수 있다고 생각한다. 심지어 정약용은 20년간 벼슬길의 세로世路에 빠져 대도大道를 모르고 지내다가 유배의 여가를 얻어 학문을 제대로 하게 되었다고 스스로 축하했다. 운명의 시련을 극복하는 이런 자세로 그는 유배의 긴 시간을 창조적인 학문 활동의 장으로 바꾸었다.

그런데 유배지 강진에서 정약용이 성취한 학문적 업적은 그 혼자 고독 속에서 달성한 것이 아니다. 그가 강진에 처음 도착하여 주막집에 기거할 때부터 배움을 구해 찾아온 학생들이 있었으며, 다산초당으로 이주한 뒤에도 새로운 제자들이 생겨났다. 특히 정약용의 외가인 해남海南 윤씨尹氏 집안의 자제들이 중요한 제자로 활동하게 된다. 그의 어머니는 고산孤山 윤선도尹善道, 1587~1671의 후손이고 공재恭齋 윤두서尹斗緖, 1668~1715의 손녀였다. 따라서 정약용은 강진과 가까운 해남 지역에 확고한 기반을 갖춘 외가의 도움을 받게 된다. 이런 배경 속에서 정약용은 자료의 열람과 필사, 교정 등의 일을 제자에게 분담시켜 체계적이고 왕성한 저술 활동을 진행할 수 있었다.

정약용은 기나긴 유배 기간 동안 고향에 남아 있는 두 아들, 곧 큰아들 학연學淵과 둘째 아들 학유學游에게 자주 편지를 띄우곤 했다. 편지에는 자신이 죄인으로 유배되어 있는 상황에서 자식들이 잘못된 길을 갈까 노심초사하는 아버지의 마음이 담겨 있다. 벼슬길이 막힌 자식들에게 정약용이 제일 강조한 당부는 독서였다. 그는 부귀영화의 꿈을 펼칠 수 없는 처지를 비관하지 말고 독서에 매진하라고 타이른다. 정약용은 만일 자식들이 독서하지 않으면 자기의 저서가 무의미해지고 자신은 병들어 죽게 된다고 말할 정도로 자식의 독서를 독려했다. 특히 효도와 공경〔孝弟(＝悌)〕의 실천이 몸에 배어 근본으로 확립된 뒤에 이뤄지는 독서의 길을 강조했다.

강진에서 정약용은 종교의 울타리를 넘어 당대의 호남 불교계를 대표하는 학승學僧들과 학문적 교류를 한다. 곧 그는 유교 경전인 《주역周易》에 통달한 아암兒菴 혜장惠藏, 1772~1811, 그리고 그

제자로서 다도茶道로 유명하고 추사秋史 김정희金正喜, 1786~1856와 절친한 초의艸衣 의순意恂과 대화 및 토론의 관계를 맺는다. 18년의 유배를 마치고 귀향한 뒤에도 정약용은 당색黨色을 초월하여 소론 계열의 석천石泉 신작申綽, 1760~1828, 노론의 대가인 대산臺山 김매순金邁淳, 1776~1840, 역시 노론의 대가인 연천淵泉 홍석주洪奭周, 1774~1842 등과 경학經學에 대해 논쟁을 벌인다. 정약용은 '오직 진실만을 구한다〔惟是是求〕'는 공정한 학문의 자세로 이러한 대화와 논쟁에 참여했다. 그에게 학문은 세계의 보편적인 진리를 추구하는 길이기 때문이다.

다산이란 이름 외에 정약용의 삶과 학문을 함축하는 명칭으로 열수洌水, 여유당與猶堂, 사암俟菴이 있다. 원래 한강의 옛 이름이던 '열수'는 정약용의 고향이 북한강과 남한강이 합해지는 양수리 일대여서 지어졌으며, 물이 합쳐지듯이 '학문의 종합'을 상징한다. 노자老子의 《도덕경道德經》에는 "망설임〔與〕이여! 마치 겨울의 시냇물을 건너는 듯하네. 경계함〔猶〕이여! 사방을 두려워하는 듯하네〔與兮若冬涉川, 猶兮若畏四隣〕"라는 구절이 있다. 여기에서 따온 '여유당'은 남이 알기를 바라지 않는 일은 부득이하더라도 그만두겠다고 하는 조심스럽고 숨김없는 삶의 자세를 보여준다. '사암'은 당대에는 인정을 못 받아도 훗날의 성인을 기다려서〔俟〕 물어보면 자신의 견해가 틀리지 않으리라는 학문적 자부심을 표현한다. 특히 사암이란 명칭 속에서 우리는 유배의 역경을 극복하고 성취한 학문을 통해 미래의 독자와 대화하고 인정을 받으려는 그의 소망을 느낄 수 있다.

모순의 현실에서 싹튼 개혁의 꿈

정약용의 수많은 저서 가운데 한국 사회의 대중에게 가장 익숙하고 유명한 책은 아마도 《목민심서牧民心書》(1818)일 듯하다. 이 저서는 원래 지방의 주州·군郡·현縣의 수령으로서 백성을 다스리는 목민관이 갖춰야 하는 마음가짐과 자세를 적고 있다. 곧 실제 백성의 삶에 밀접한 관련을 맺는 관리가 지방에 부임하여 자기를 규율하고 공무를 받들며 백성을 사랑하는 길을 일러준다. 정약용은 군자의 학문에서 자기 수양〔修身〕이 반이고 백성의 통치〔牧民〕가 나머지 절반을 차지한다고 보았다. 이런 맥락에서 선비〔士〕는 본래 벼슬하는〔仕〕 사람이 된다. 그런데 정약용은 강진에서 유배 생활을 하고 있어 백성을 다스리고 싶어도 몸소 실행할 수 없었다. 따라서 한 사람의 백성이라도 구제하려는 간절한 '마음'을 담아 '심서心書'라는 이름으로 경계의 글을 지은 것이다.

정약용이 유배 온 호남의 강진은 백성들에 대한 관리들의 수탈과 착취가 심한 상황이었다. 곡창지대로 유명한 호남은 관리의 탐욕과 백성의 소요로 사회가 매우 불안했다. 예를 들어 무주와 장수 지역에서는 노숙하는 사람이 산골짜기까지 가득 차고 순창과 동복同福(현 전남 화순군 동복면 일대)에서는 보금자리 없이 떠돌아다니는 유민들이 길을 메우고 있는 실정이었다. 희망을 잃고 나라를 원망하는 사람들은 합리적인 근거 없이 인간의 길흉화복吉凶禍福을 예언하는 참위설讖緯說에 빠져 들었다. 그런데도 백성의 심장 역할을 담당할 조정이나 관리들이 이런 백성을 돌보거나 위로하지 않고 있었다. 도리어 그들은 백성을 착취하는데 혈안이 되어 있었으니, 백성에겐 토지가 밭이었지만 벼슬아치에겐 백성이 자기들의 배를 채워주는 밭이었던 셈이다. 정약용은 묻는다.

목민관이 백성을 위해서 있는가, 백성이 목민관을 위해서 사는가?

〈원목(原牧)〉

당시의 현실은 백성이 자신을 다스리는 목민관을 위해서 사는 꼴이었다. 하지만 정약용은 목민관의 근거가 원래 백성의 추대에 있다고 주장한다. 그에 따르면, 아득한 옛날에는 목민관이 따로 없었으며 백성 사이에 일어나는 다툼을 공정하게 해결하는 인물이 있으면 그를 마을의 지도자로 추대했다. 그리고 이러한 방식의 추대가 확장되어 국가의 지도자도 백성의 추대로 결정되었다. 이렇게 추대된 지도자는 당연히 백성의 여망〔民望〕에 따라 법을 제정하기 때문에 백성의 삶을 편안하게 만들려고 노력했다. 이와 같이 백성이 추대를 통해 권한을 위임하면 목민관은 백성의 여망에 따라 통치하여 보답하는 방식이 참다운 정치의 모습이다.

백성이 목민관의 존재 이유이고, 백성의 추대에 의해 목민관이 선출된다는 정약용의 사유는 유교적 민본주의民本主義의 발전

된 형태라고 할 수 있다. 특히 백성의 추대에 의해 임금이나 천자의 지위가 생기게 된다고 보았다는 점은 매우 혁신적인 사고다. 물론 이러한 민본적인 사유가 현대 사회에서 개별 국민이 주권主權을 가지고 시행하는 민주주의와 동일하지는 않다. 비록 백성을 통해 목민관이 선출되는 고대 사회를 말하고 있지만, 그가 조선 후기 당대에 백성이 직접 관료나 임금을 선출해야 한다는 입장을 견지한 것은 아니다. 정약용이 생각하는 이상적인 권력 이양의 방식도 어진 후계자에게 임금의 지위를 평화적으로 물려주는 선양禪讓이었다. 이러한 차이에도 불구하고 정약용이 백성의 정치적 주체성을 강조했다는 점은 간과해서는 안 된다.

조선 후기의 수령들은 지방에서 실제로 거의 임금과 같은 권력을 잡고 있으면서 자신이 백성을 위해서 사는 목민관임을 망각하고 있었다. 정치 지도자의 선발이 백성의 추대에 기초하기 때문에 정치 권력의 주체는 백성이 된다. 따라서 최고 통치자인 임금도 제대로 일을 못하면 쫓아낼 권리가 백성에게 있다. 정약용은 묻는다.

> 탕湯이 걸桀을 쫓아낸 일이 옳은가? 신하가 임금을 쫓아낸 일
> 이 옳은가?
>
> 〈탕론(湯論)〉

탕은 악덕하기로 유명한 하夏나라의 임금 걸을 쫓아내고 상商

나라를 세워 천자天子가 된 인물이다. 정약용의 논리에 따르면, 백성의 소망을 저버린 악덕한 통치자를 몰아낸 탕의 행위는 정당하다. 이처럼 정치적 변혁의 정당성은 정치의 궁극적인 기반인 백성의 여론에 있다.

민생의 안정을 위해서는 원칙적으로 백성에게 정치 주체의 자리를 부여하는 데 그칠 게 아니라 현실적으로 실제 생활의 기반을 갖출 수 있게 해야 한다. 이런 의미에서 관리의 착취로부터 백성을 보호하는 일과 더불어 생업의 근간이 되는 토지제도의 개혁이 중요했다. 조선 사회의 핵심 산업은 농업이었으며 대다수의 백성 역시 농민이었다. 따라서 사회와 국가의 개혁은 토지 문제를 피해갈 수 없는 상황이었다. 보통 조선 후기 실학의 효시로 평가되는 반계磻溪 유형원柳馨遠, 1622~1673은 일찍이 중국 고대의 정전제井田制를 모범으로 삼아 균전제均田制를 주장한다. 균전제란 사적인 소유물인 사전私田을 인정하지 않고 모든 토지를 공전公田으로 삼아 사회적인 지위에 따라 차등 지급하는 토지 개혁안이다.

국가 경영의 문제를 토지 제도에서 접근한 유형원에 대해 정약용은 근본을 아는 학자라고 인정한다. 정약용은 토지 문제와 관련해 실제 농사를 짓는 농부가 밭을 얻고 농부 아닌 사람은 밭을 얻을 수 없어야 한다는 원칙을 세운다. 이러한 원칙에 따라 정약용이 제시한 토지 제도는 바로 여전제閭田制다. 여전제란 산골짜기와 개울 등의 자연적인 형세로 경계를 만들어 그 안을 여閭로 삼아 공동으로 소유하고 경작하여 생산물을 분배하는 제도다. 지도자인 여장閭長이 경작과 분배를 감독하는데, 수확한 곡식을 우선 국가에 세금으로 바치고 다음으로 여장의 봉급을 주고 나면 작업량에 따라 농민에게 분배하게 된다. 정약용은 백성의 균등한 경제적 풍요에 기초해서 효도와 공경의 인륜이 확립되기를 소망했다.

백성의 입장에서 토지의 문제가 가장 중요하다면, 관직을 지향하는 유교 지식인에게는 공정한 인재 선발이 무엇보다 간절한 과제였다. 청운靑雲의 꿈을 안고 학업을 연마하는 관직 지망생에게 국가의 선발제도는 생명의 문제나 마찬가지였다. 정약용은 뛰어난 인재〔精英〕들이 능력을 발휘할 기회도 없이 대부분 버려지고 있는 당시의 상황에 대해 고발한다. 예를 들어 그는 양반이 아닌 백성들, 평안도와 함경도 사람, 황해도·개성·강화도 사람 등은 버림을 받은 경우고, 관동關東과 호남의 절반도 버림을 받았으며 북인北人과 남인南人은 버림을 받은 것과 마찬가지라고 말한다. 오직 수십 개의 명문 집안〔閥閱〕만이 버림받지 않고 등용되는 상황이었다. 다시 말해 소수의 명문 집안이 관직의 등용을 독점했다.

'인사人事가 만사萬事'라는 말이 있다. 국가와 사회에 필요한 업무에 적절한 인물을 선발하고 등용하는 길이 막히면 그 국가와 사회는 쇠퇴하기 마련이다. 선천적인 신분이나 출신지 등으로 인해 능력을 제대로 평가받지 못하고 소외된 사람들은 대개 울분과 원망의 감정에 빠지기 쉽다. 자신의 노력이나 능력으로 도달할 수 있는 미래의 희망이 없기 때문이다. 그래서 정약용은 이러한 차별적인 인재 등용 방식을 비판하고 지역과 귀천貴賤의 차별 없이 선발할 것을 주장한다. 또 귀천의 문제에 있어서도 정약용은 온 나라가 양반이 되어 결국 양반이 없어지기를 소망했다. 이는 귀천이 차별적 신분 체계에 귀속되지 않는 사회를 꿈꾼 것이라 하겠다.

정약용은 국가의 흥망성쇠가 유능한 인재의 공정한 선발〔知人〕과 백성의 경제적인 평안〔安民〕에 달려 있다고 보았다. 전자는 사회적인 지위가 높아지기를 바라는 지식인 관료를, 후자는 각종 세금의 간소화 등을 통해 부유해지기를 바라는 백성을 위한 정치적 방안이라 할 수 있다. 정약용은 사람에게 두 가지 커다란 욕구가 있다고 보는데, 하나는 부유해지려는 욕구요, 다른 하나는 존귀해지려는 욕구다. 이러한 욕구를 국가가 제대로 충족시켜주면 국가는 흥하게 되고 만일 충족시키지 못하면 망하게 된다. 그래서 정약용은 공정한 인재 등용〔公選擧〕과 세금의 경감〔薄賦斂〕이 국가의 천명 天命을 영원히 지속시키는 근본이라고 보았다.

독서와 저술의 세계인, 혜강 최한기

우리 역사에서 가장 많은 저술을 한 학자로 회자되는 인물이 바로 혜강 최한기다. 일찍이 육당六堂 최남선崔南善, 1890~1957은 최한기의 저서가 1천 권으로 우리나라 최고 기록이지만 대부분 아직 간행되지 못하고 원본조차 사방에 흩어져 있어 장차 어떻게 될지 모른다고 안타까워한 적이 있다. 이러한 사실에서 우리는 최한기가 엄청난 학문적 열정으로 평생 저술 활동을 했으며, 동시에 그의 저술이 전승되지 못하고 망각되어 온 상황을 짐작할 수 있다. 지금은 조선 후기 사상사의 최고 봉우리로 평가받는 최한기이지만 우리 학계에서 그를 조명하기 시작한 것은 실제로는 1960년대에 이르러서였다. 그의 문집인 《명남루총서明南樓叢書》 역시 1971년이 돼서야 성균관대학교 대동문화연구원大東文化研究院에서 처음으로 간행됐다.

최한기의 실제 삶도 그 대강만 알려져 있을 뿐 아직도 제대로 밝혀지지 않은 상태다. 거대한 저술의 세계를 구축했지만, 그의 저술 속에는 그의 학맥이 분명하게 제시되어 있지 않다. 그가 교류를 하던 인물로는 〈대동여지도大東輿地圖〉로 유명한 평민 출신의 지리학자 고산자古山子 김정호金正浩, ?~1864, 백과전서적인 지식의 소유자이자 《오주연문장전산고五洲衍文長箋散稿》의 저자인 오주五洲 이규경李圭景, 1788~? 정도가 드러났을 뿐이다. 최한기는 《만국경위지구도萬國經緯地球圖》(1834)의 제작을 김정호에게 의뢰하고 김정호의 〈청구도靑邱圖〉에 제題를 써주기도 했다. 이규경은 최한기가 경학·사학·예학·수학 등 다양한 분야에 능통해 속된 선비와 비교할 수 없다고 평가한 적이 있다.

조상이 대대로 개성 출신인 최한기는 명목상 양반 가문이었지만 실제로는 사회적 위상이 거의 중인층에 가까웠던 것 같다. 그는 벼슬의 등용문인 과거 공부를 중년에 그만두고 평생 생원生員으로 지내다가 아들 병대柄大 덕분에 말년에 통정通政, 첨지僉知의 직함을 얻었을 뿐이다. 이른바 세도정치 시기의 한 정승이 지방에서 학문과 명성으로 유명한 유일遺逸의 선비로 최한기를 천거하고자 그에게 서울 밖의 지방에서 살라고 권유한 적이 있었다. 하지만 최한기는 명성을 도둑질하면서까지 벼슬길에 나아갈 수 없다고 거절한다. 말년에 최한기의 학식과 경륜이 주류 정치 세력으로부터 일부 인정받기도 하지만 그는 끝내 집권층의 정치적 포섭에 휘둘려 벼슬길에 나서지는 않았다.

최한기는 당시 조선의 중심인 대도시 서울에서 생활하고자 하는 의지가 매우 강했다. 서울은 조선 사회가 기존의 중국 문명권을 넘어서 급변하는 세계의 변화와 정세를 알게 하는 창窓과 같은 공간이었다. 30대에는 서울의 남촌南村, 남산 기슭과 그 발치 일대 창동倉洞에서 지냈으며, 40대 후반에는 송현松峴의 상동尙洞, 현 서울시 중구 남대문로 일대에서 거처했다. 비록 정치적으로 중요한 직책에서 활동하지 않았지만 그의 집안은 본래 부유했다. 〈양한정기養閒亭記〉(1852)라는 최한기의 글을 보면, 서울의 도시 생활을 나름대로 한가롭게 즐기던 그의 소시민적인 정취가 느껴진다. 최한기가 서울을 떠나려 하지 않은 가장 큰 까닭은 바로 책이었다. 그는 외국의 사정이나 학문을 알려주는 서적이 유통되는 서울에 거처함으로써 자신의 견문과 지식을 손쉽게 넓히고자 했다. 최한기의 삶을 소개한 영재寧齋 이건창李建昌, 1852~1898의 〈혜강최공전惠岡崔公傳〉을 보면, 최한기의 독서열을 엿볼 수 있다.

좋은 책이 있다는 소식을 들으면 비싼 값을 아끼지 않고 그것을 구입하여 읽었으며, 오랫동안 열람하고는 헐값으로 팔았다. 그러므로 나라 안의 책 중개상들이 다투어 와서 팔기를 요구했다. 베이징北京에 있는 서점의 신간 서적들이 서울에 들어오기만 하면 혜강이 열람하지 않은 경우가 없었다.

〈혜강최공전〉

당시 중국의 베이징에서는 서양의 새로운 학문과 문물에 대해 한문으로 번역한 서적들이 많이 출간되고 있었다. 이러한 신간 서적들이 서울에 도착하면 최한기가 달려가 모두 다 읽어버리곤 했다. 최한기는 아무리 비싼 값이 들더라도 책을 구입하는 것이 실제 양식을 싸가지고 저자를 직접 찾아가는 것보다 낫다고 말한다. 책을 통해 멀리 떨어져 있는 인물과도 만날 수 있다고 생각했기 때문이다. 최한기는 심지어 책을 사는 부담 때문에 결국 형편이 어려워져 집을 팔고 도성문都城門 밖으로 이사해서 셋방을 살게 되었다. 이와 같이 최한기에게 독서는 학문적 자부심의 원천으로서 자신의 생계도 희생시킬 정도의 가치가 있었다.

최한기는 34살에 기氣의 본체를 다룬 《신기통神氣通》과 기의 작용을 다룬 《추측록推測錄》을 합하여 《기측체의氣測體義》라는 책으로 만든다. 그의 체계적인 인식론을 담고 있는 《기측체의》는 1836년에 베이징의 인화당人和堂에서 출판하게 된다. 이런 사실은 자신의 저서를 통해 세계의 지식인들과 대화하려는 최한기의 학문적 욕구를 보여준다. 중국에서의 출판은 상호 교류를 통해 자기 학문의 보편성을 인정받으려는 노력이었다. 최한기는 이전 사람들이 아직 밝히지 못하고 미래의 후손들이 계발시킬 진리를 자신이 밝혀냈다는 자부심이 강했다. 그는 자신이 새로 구성한 학문이 비록 당시 조선 사회에서는 통용되지 못하더라도 미래에 반드시 인정을 받으리라는 믿음을 갖고 있었다.

당시 세계의 변화에 발맞춰 새로운 사유를 모색한 '세계인' 최한기는 동양과 서양의 문명이 상호 교류를 통해 상대의 장점을 인정하고 배우기를 희망했다. 바다에 선박이 두루 다니고 서적이 번역되어 상품의 교역과 사유의 전달이 이뤄지는 세계 질서 속에서 문호를 닫고 고립된 채 살아갈 수는 없는 법이다.

하지만 그가 개국開國과 통상通商을 무조건 지지한 것은 아니다. 최한기는 동양과 서양의 문명 세계 사이에 호혜적이며 평화적인 관계가 형성되기를 소망했다. 따라서 무력에 의해 개항을 하려는 제국주의에 대해서는 비판의 입장을 견지했고, 1876년 강화도 조약에 따른 개항을 반대하는 상소를 올렸다가 귀양을 가게 된 아들 병대의 견해에 동조했다.

최한기는 학문이나 정치에서 주류 세력에 들지 못하고 도시의 중산층으로 살고 있었지만 서적을 통해서 세계와 호흡하는 법을 알고 있었던 지식인이었다. 그는 서울이라는 조선 사회의 중심에 살면서 정치와 학문의 주류 세력에 대해 비판적인 거리를 두고 평생 독서와 저술 활동을 했다. 이러한 삶의 자세 덕에 그는 조선 사회의 기존 사유체계를 근본적으로 비판하고 새로운 학문을 지향할 수 있었다. 문물과 지식이 왕성하게 유통되는 도시 생활을 즐기는 가운데 그는 학문과 권력의 심장부인 서울에서 세계의 변화를 손쉽게 간파해나갔다. 그의 학문 자세 속에는 당대

의 주류 사회에 편입되려는 열망이 보이지 않는다. 그의 독서와
저술은 조선을 넘어 세계로, 당대를 넘어 미래로 향하고 있었기
때문이다.

공론에 따른 통치의 길

최한기의 관심 분야는 거의 모든 학문의 영역에 걸쳐 있을 만큼
광범위하다. 하지만 지금의 분류 체계로 나눌 경우, 그의 대표작
인《기학氣學》(1857)과《인정人政》(1860)은 크게 보면 각각 형이상
학·우주론과 정치학에 해당한다고 볼 수 있다.《기학》에서는 기
존의 학문들에 대한 전체적인 분류와 비판, 그리고 기의 운행과
변화, 곧 운화運化에 기초해서 자신의 새로운 학문인 기학을 제시
한다. 그리고《인정》에서는 국가의 기둥이 되는 인재의 올바른
평가와 등용에 대한 자신의 견해를 보여주고 있다. 그런데 예순
살이 가까운 나이에 지은《인정》은 최한기가 30대 중반에 인재의
객관적인 평가 방식을 시도한《감평鑑枰》(1838)이란 저서와 기본
적인 관심을 공유한다. 이러한 사실은 최한기의 궁극적인 관심이
결국 사람과 정치의 문제로 귀결된다는 점을 보여준다. 최한기는
말한다.

> 우주와 자연의 운화 작용을 받들어 따라서〔承順〕올바른 통치
> 와 민생의 안정〔治安〕을 이루는 일이 하늘과 사람이 접속하는

혈맥이다.

《인정(人政)》

최한기가 농업·기계·천문·지리·의학·수학 등의 과학기술 영역에 관심을 갖고 저술을 남긴 이유도 《인정》의 논리와 상통한다. 다시 말해 다양한 과학 영역에 대한 전문적인 지식이 단지 개별 분과에 한정되지 않고 우주 전체와 인간 사회에 대한 포괄적인 관심으로 확대된다. 우주와 인간, 자연과 사회의 상관 구조에 대해 사유한 최한기에게 하늘과 사람이 하나가 되는 문제는 결국 그것을 인식하고 실현하는 사람에게 달려 있다.

이런 맥락에서 《인정》은 사람을 헤아리고〔測人〕·가르치며〔敎人〕·선발하고〔選人〕·활용하는〔用人〕 순서를 중심으로 구성되어 있다. 여기서 사람을 헤아리는 평가의 작업은 사람을 가르치고 선발하며 활용하는 작업의 근간이 된다. 사람이 어떠한 덕목과 한계를 갖고 있는지 제대로 평가하지 못한다면 나머지 작업 역시 온전히 이뤄질 수 없기 때문이다. 최한기는 용모, 행사, 오륜, 윤화, 지위 등의 요소를 다각도로 검토하여 사람의 됨됨이를 평가하려 했다. 그는 성현이 도를 밝히고 가르침을 펼친 것이 모두 사람을 헤아리는 데서 나왔다고 볼 정도로 이러한 평가를 중시했다. 예를 들어 국민에게 무엇인가 정책을 시행하려면 우선 국민의 마음을 헤아릴 줄 알아야 하는 것이다.

사람에 대한 최한기의 관심 뒤에는 조선 사회의 현실에 대한 비판적인 인식이 놓여 있다. 최한기는 본래 예의와 검소로 사람들의 칭송을 받던 문벌門閥의 의미가 왜곡되어 당시의 문벌은 남을 업신여기고 다른 집안을 무시하면서 죄악을 저지른다고 비판한다. 이런 문벌을 기준으로 인재를 등용하게 되면, 그 인재의 학문은 조상 대대로 내려오는 과거의 학문에 불과하고 현재의 학문이 아니므로 실용實用과 실사實事가 없기 마련이다. 그래서 실제 일상생활이나 생업에 전혀 도움이 되지 못한다. 최한기의 입장에서는 문벌뿐 아니라 문장이나 당파 같은 것을 표준으로 삼아 사람을 등용하는 경우에도 올바른 통치와 민생의 안정은 기약하기 어렵다.

정치 권력을 가진 사람이 자신의 우월한 지위가 주는 권위에 취하면 지위가 낮은 민중을 참으로 두려워하거나 아낄 줄 모르게 된다. 높은 자리로 올라갈수록 자기 밑에 있는 사람을 우습게 보는 오만에 빠지기 쉬운 법이다. 또한 민중과 함께 하는 정치를 못하는 관리나 통치자는 아첨하는 사람들의 입에서 나온 말만 믿어 자신의 견문이 막히기 마련이다. 이런 관리가 계속 민중의 고통을 외면하고 관직의 위세로 민중을 학대하다 보면, 결국 평소 얕잡아 보던 민중의 원망이 한순간에 터져 나오게 된다. 부당한 지배 계층에 원한을 품고 학정虐政에 저항하여 일어나는 민중의 궐기는 부득이한 사태다. 최한기는 이러한 사태가 민중의 커다란 소망[大願]과 자연스런 대세[順勢]에서 나온다고 진단한다.

한 나라의 일은 마땅히 한 나라의 사람들과 함께 다스려야지, 친한 한두 사람들끼리 자기네 욕심만을 따라 다스려서는 안

된다. 한 나라 사람들의 공론이 바라는 사람을 취하여 관직을 맡겨 직책을 완성하게 되면, 그것이 바로 한 나라 사람과 함께 다스리는 공치共治다. 공론이란 곧 나라 사람들이 한 가지로 추구하는 여론인데, 공론이 아니고서야 어떻게 나라 사람들의 마음을 하나로 모으겠는가?

《인정(人政)》

　권력의 오만과 전횡을 방지하는 길은 민중과 함께 하는 인재를 등용하여 다스리는 공치다. 이는 현재의 대의민주주의와 유사한 발상이다. 최한기는 민중들이 비록 미련하지만 그들의 눈과 귀에 저절로 전달되는 신기神氣가 있어 공론이 그 속에서 일어난다고 보았다. 다시 말해 민중의 판단을 담은 신기가 희망하고 또 이러한 신기를 읽을 수 있는 인재가 바로 공론의 대상이 된다. 최한기는 이런 공론의 입장에서 폐단이 많은 과거제도보다는 추천제도를 새로운 인재 등용 방식으로 제안한다. 곧 지역의 작은 마을부터 국가 단위로까지 확대하여 적절한 인재를 추천하는 방식을 말한다. 그는 민중을 위하는 인재가 공론에 따라 다스려야만 민중을 하나로 통합할 수 있다고 판단한다.

　최한기는 민중의 공론에 따라 국정이 잘 운영되면 사회 각 계층이 자신의 생업에 따라 자신의 능력대로 살 수 있다고 생각했다. 반대로 관리들이 민중을 침탈하고 지역의 토호土豪 세력이 민중을 괴롭히는 현실에서는 민중들이 자신의 생업을 경영하는 노력 이외에도 외부로부터 그것을 보호하는 노력까지 해야 한다.

이러한 상황에서 민생의 안정은 달성될 수 없다. 제대로 된 통치란 민중이 중요하고 관리는 가벼우며 민중이 먼저고 관리는 나중인 정치를 말한다. 그래서 최한기는 말한다. 사람을 활용하는 잘잘못은 민중의 소리에서 결정된다고. 그는 민심의 소리를 먼저 들어야지, 마음대로 관리를 승진하고 파면해서는 안 된다고 말하기까지 했다.

대동大同의 민원民願을 강조하는 최한기의 입장에서는 선과 악의 가치 판단도 민중이 기준이다. 자신이 좋아하지만 민중이 좋아하지 않으면 그것은 선이 아니고 자신이 싫어해도 민중이 좋아하면 그것은 악이 아니다. 이런 관점을 따르면, 선과 악은 다름이 아니라 민중이 좋아하고 싫어하는 것이 된다. 그런데 민중이 좋아하고 싫어함을 선과 악으로 삼는 자세는 무조건 대중의 욕구를 추종하는 것이 아니다. 만일 악한 사람들이 좋아하거나 싫어하는 것이라면 그것은 참된 선이나 악이 아니고, 한 명의 선한 사람이 좋아하거나 싫어하는 것은 참된 선과 악이 된다. 최한기는 선과 악을 선험적인 원리로 접근하지 않으면서도 객관적인 운화의 입장에서 결정되는 선과 악을 주장한 것이다.

운화의 문제는 당시의 사회 범주인 선비·농민·장인·상인[士·農·工·商]의 사민四民을 관통한다. 최한기는 사람이 원래 이런 사민의 정해진 한계를 갖고 있지 않다고 보았다. 다시 말해 그는 차별적인 신분 질서로서 사회 범주를 대한 것이 아니라 평등한 직업의 분류 체계로 여긴다. 이 범주들은 마치 한 몸 안의 눈·귀·코·입·손·발처럼 상보적인 전체의 관계를 형성한다. 몸 안의 신체기관처럼 사회적 직분은 모두 평등한 위계 속에 배치되는 것이다. 그리고 이러한 사민은 모두 기의 운화 곧 기화氣化를 터득했느냐 그렇지 않느냐에 따라 규정된다. 예를 들어 기화를 제대로 모르면, 선비는 공허한 논의에 빠지고 장인은 제품을 제대로 만들지 못하며 농민은 농사의 때를 놓치고 상인은 이세利勢를 헤아리지 못하게 된다.

동양과 서양의 문명이 만나는 변혁기를 산 최한기는 이런 변화의 흐름을 주체적으로 헤쳐나갈 인재를 갈망했다. 그는 문명의 충돌에서 승패의 우열은 풍속이나 예교禮敎가 아니라 법제와 각종 기계 등 실용에 힘쓰고 남에게 배워 이익을 삼는 데 있다고 진단한다. 이런 입장에서 최한기는 서양 종교[西敎]보다는 실용, 더 나아가 실용보다는 훌륭한 인재의 등용이 더 중요한 문제라고 본다. 이것은 운화를 체득한 인재를 올바로 등용하면 서양이 익힌 바가 모두 우리의 쓰임이 되므로 우리가 변화의 능동적인 주체가 될 수 있다는 논리다. 결국 운화를 체득한 인재가 국내적으로 각 영역에서 학문을 혁신하고 대외적으로 실용적인 문물과 지식의 유통에 능동적으로 대처해야 역사의 주체가 될 수 있다.

정약용,
인륜의 학문을 지향하다

근거 없는 술수와 광대놀음의 과거는 없애야

지금도 시내 구석구석에 자칭 '동양철학관'이란 명패를 내걸고 미래의 운세를 점치는 곳이 있다. 전통적으로 유명한 사주팔자를 비롯해 별자리로 치는 점에 이르기까지 사람들은 불안한 미래의 운명을 미리 알기 위해 갖가지 술수에 의존하고 있다. 이러한 술수의 방법은 기본적으로 자신의 윤리적 사유나 행동과 무관하게 선천적으로 정해져 있는 운명의 궤도를 전제한다. 그리고 어떻게 하면 예상되는 재앙을 피하고 복을 얻을까 하는 기복祈福의 관심에 술수는 기원한다. 이러한 점술은 인간의 처세술과 관계되면서 중국 고대로부터, 아니 인류의 고대로부터 첨단 과학 문명의 시대인 현재까지도 유행하고 있다.

미래의 삶에 대해 희망을 가질 수 없는 사회에서는 이러한 방식의 술수가 더더욱 민중들에게 인기를 끌기 마련이다. 정약용이 살던 조선 후기 사회는 국가 재정이 파탄에 이르고 관료의 탐욕, 민생의 붕괴 등으로 떠돌이 생활을 하는 백성들이 많았다. 정약용은 "유민流民이 길을 메워서 마음을 상하게 하고 눈을 참혹하게 만드니 살고 싶지 않을 정도였다"라고 술회한다. 자신의 보금자리를 지키지 못하고 생존을 위해 떠돌아다니는 유민의 현실은 사실 일반 백성의 축소판이었다. 이러한 비참한 현실에서 백성들은 자신의 미래를 풍수지리설의 대가인 도선道詵, 827~898의 《도선비기道詵秘記》나 《정감록鄭鑑錄》 같은 참위설에 의존하기 십상이었다.

조선 후기 사회에서 민중들에게 절대적인 영향력을 행사한 《정감록》의 경우를 살펴보자. 기본 내용은 이성계李成桂, 1335~1408가 한양漢陽에 세운 조선왕조가 멸망하고 정감鄭鑑이란 인물이 계룡산에 세운 도읍이 몇백 년 지속되리라는 예언이다. 이러한 예언은 조선 정부의 무능과 부패로 고통받던 민중들에게 새로운 시대의 도래를 제시한다는 점에서 인기가 있었다. 그래서 조선 후기에 발생한 각종 민란에는 《정감록》의 예언이 중요한 명분으로 활용되었다. 사회가 격변하거나 전쟁의 소용돌이 속에 있을 때도 계룡산은 《정감록》에 따라 난리를 피할 수 있는 명당으로 인식되곤 했다. 지금도 계룡산에 사는 도사가 많은 것은 이러한 영향이다.

하지만 정약용은 참위설이나 풍수설 등의 술수학術數學은 학문이 아니라 백성을 미혹시키는 혹술惑術이라고 비판한다. 그 당시 《도선비기》나 《정감록》의 예언을 따르는 어떤 사람들은 곧 전란戰亂이 일어나서 사람의 씨가 마를 정도로 피를 흘리게 된다고 믿었다. 그래서 자기 친척이나 친구들에게 토지와 가옥을 팔고 깊은 산골짜기에 들어가 난리를 피하라고 권하곤 했다. 또 조상의 묘지를 이른바 명당자리에 설치하면 자손이 길하게 될 것이라고 보는 풍수설이 유행했다. 그래서 좋은 명당을 차지하기 위한 소송〔山訟〕이 빈번하게 발생하는 사태가 벌어졌다.

> 아! 헛된 명예를 도둑질하고 무거운 명성을 짊어져서 어리석은
> 사람들에게 추앙받는 사람은 모두 위선적인 술수의 선생들이
> 다. 이들은 참되고 올바르며 거짓 없는 선비가 선왕先王의 도를
> 밝히고 효도와 공경에 근본하며 보이지 않는 일에 삼가면서
> 예절과 음악, 형벌과 정치의 글을 궁구하면 "저 사람은 내일의
> 일도 모르면서 불이 붙은 나뭇가지 위에 앉아 시詩와 예절을
> 말하고 있으니 어찌 우리와 함께하겠는가?"라고 비웃는다.
>
> 〈오학론(五學論)〉

술수학에 빠진 지식인들은 평상시에는 의관을 정제하고 사색적인 주제에 대해 논하다가도 스스로 미래를 미리 안다고 자처하면서 성실한 유학자를 비꼬곤 했다. 올바른 선비가 불이 붙은

나뭇가지 위에 앉아 있다고 하는 술수학자의 비웃음에는 자신이 미래를 장악하고 있다는 자만심이 배어 있다. 조선 후기 당시에 이른바 미래를 안다고 자처하는 사람은 현실의 일상 세계를 부정하고 곧 닥칠 환란을 피해 산골로 들어가라고 권하곤 했다. 이러한 예언을 받아들이면, 요·순堯·舜과 같은 이상적인 선왕의 도를 배우고 효도와 공경에 바탕을 둔 생활을 하면서 예절과 음악〔禮·樂〕, 형벌과 정치〔刑·政〕의 제도를 학습하는 일은 쓸모없어 보인다.

세상이 곧 멸망하거나 큰 환란에 빠질 것이므로 일상의 평범한 생활을 접어야 한다는 참위설의 예언은 사실 종교에서 흔히 말하는 종말의 세계를 연상시킨다. 종말이 다가왔으므로 재산을 모두 버리고 한곳에 모여 기도드리며 종말을 맞이하자는 논리를 오늘날의 한국에서도 들을 수 있다. 비록 전제하는 가치가 다르지만 미래의 예언은 이처럼 일상의 평범한 가치와 윤리를 넘어서 있다. 정약용이 말하는 효도와 공경, 예절과 음악, 형벌과 정치는 현실의 유교적 질서와 체제를 지탱하는 핵심적인 가치와 제도다. 그러므로 정약용은 유교적 인륜 질서를 근본적으로 뒤흔드는 이러한 술수에 대해 학문도 아니라고 비판했다.

대개의 술수는 순전히 이익을 극대화하려는 사적인 욕망에 기초하고 있다. 정약용은 이러한 술수가 인간이 인간답게 되도록 이끄는 윤리적인 기능이나 가치가 전혀 없다고 판단한다. 왜냐하면 술수는 단지 자신의 사적인 욕망을 주술적인 방식을 통해 충족시키고자 하기 때문이다. 다시 말해 술수에는 자신의 삶에 대한 윤리적인 성찰과 변화가 결여되어 있다. 비록 이러한 술수의 방식이 고대로부터 내려온 인류의 오랜 전통이라 할지라도, 그것은 인간의 자기 성숙과 무관하게 사적인 욕망의 이기적인 충족 수단에 불과하다. 정약용이 술수는 학문이 아니라 무지한 사람을 미혹시키는 혹술이라고 비판한 근본적인 이유가 여기에 있다.

정약용이 술수학 다음으로 가장 비판하는 학문은 바로 과거에 급제하기 위한 학문, 곧 과거학이다.

> 광대가 연극하는 재주로 천하를 다스리게 하는 것이 과거학이
> 다. …… 실용성 없는 말들을 남발하고 허황하기 짝이 없는 내
> 용의 글을 지어 스스로 자신의 풍부한 지식을 자랑함으로써
> 과거 보는 날 급제의 영광을 따내는 것이 과거학이다.
>
> 〈오학론(五學論)〉

조선시대처럼 선비·농민·장인·상인의 위계적인 신분 계층이 분명한 사회에서 과거는 지식을 통해 관직에 오르는 절대적인 통로였다. 마치 현대 한국 사회에서 각종 고시考試를 통과하면 사회적인 지위가 급격히 변하듯이, 시골에 묻혀서 공부하던 가난한 선비가 과거에 장원 급제라도 하면 안정적인 사회적 위상을 획득할 수 있었다. 국가의 권력을 관직의 형태로 나눠주고 임금에게 복종하는 관료를 선발하는 과거제도는 중앙집권적인 문치주의文治主義를 강화하기도 했다. 이처럼 유학적 소양 위주의 지식인이 관료가 되는 과거제도는 조선 사회의 기본적인 통치 체

제를 구성하고 있었다.

따라서 유교 지식인이라면 누구나 과거에 급제하고자 공부하기 마련이었으며, 과거 급제를 본인뿐만 아니라 가문의 영광으로 여겼다. 문관의 경우, 소과小科를 통과한 생원이나 진사進士는 하급관리가 되거나 서울의 성균관成均館에 입학하여 대과大科를 치르게 된다. 성균관은 조선시대 최고의 지식인 관료를 양성하는 교육기관이었으며, 성균관 유생이 되는 것 자체도 영광된 일이었다. 대과의 경우 초시初試·복시覆試를 통과한 인재는 임금이 주관하는 전시殿試를 통해 그 순위가 결정된다. 그리고 소과와 대과 모두 유교 경전이나 각종 문장이 중요한 시험 대상이었다. 그런데 이러한 시험 방식에는 대부분 전형적인 문체와 해답이 정해져 있기 마련이었다.

과거제도가 조선시대의 관료체제를 수준 높은 지식으로 유지시켜준 측면도 있겠지만 조선 후기의 상황에서는 오히려 각종 문제를 일으켰다. 정약용은 당시의 과거학이 광대가 연극하는 재주

조선의 과거제도(문관 채용 과정)

소과[生進科]

생원과(生員科)	진사과(進士科)
사서오경(四書五經)으로 시험	시(詩)·부(賦)·표(表)·책(策) 등 문장으로 시험

대과[文科]

초시(初試)[한성시(한성부)·관시(성균관)·향시(각 도)]→복시(覆試)→전시(殿試)

로 국가를 다스리는 인재를 만들 뿐이라고 비판한다. 국가를 경영할 만한 경륜이나 안목이 부족한 인재라도 과거가 요구하는 격식에 맞게 글을 꾸며내고 시험관의 관점에 부합하는 답안을 제출하면 통과하기 때문이다. 광대는 자신의 주관적인 식견도 없이 주어진 각본에 맞춰 움직이면서 연기를 한다. 과거에만 몰두하는 지식인들이 바로 주체적인 역량이 없는 광대와 같은 존재다.

정약용이 보기에, 광대와 같은 지식인은 관료로서 필요한 실무 공부를 제대로 하지 않으면서 유명한 글귀나 표절하고 아름답게 글을 꾸미는 데만 노력한다. 오직 벼슬만을 목적으로 삼는 과거학에는 유교의 성현聖賢에 대한 진실된 존경도 없고 임금의 잘못을 바로잡고 백성에 은택을 베풀려는 어진 마음도 결여되기 마련이다. 과거 보는 날 운 좋게 합격하면 가문에서 받들고 임금도 대접해주지만 실제 국가에는 도움이 안 되는 지식인! 이것이 바로 과거학에 빠진 선비다. 그런데 과거제도가 이런 인물이 합격 잘하는 구조로 변질되면, 진정 국가의 기둥이 될 만한 인재들은 벼슬길이 막혀 자신의 능력과 포부를 제대로 실현하지 못하고 실의에 빠진 채 쓸쓸히 죽어간다.

정약용은 지식인이 과거학에 빠지면 예절과 음악은 자신과 관계없는 일이라 여기고 형벌과 정치는 잡된 일로 여긴다고 진단한다. 예절·음악·형벌·정치는 유교 국가 통치 체제의 기본적인 제도다. 그런데 이러한 영역에 대해 무관심하거나 무시하는 관료가 있다면, 그는 당연히 실제 관료 생활에서 필요한 관련 업무를 담당하지 못한다. 예나 지금이나 무능력한 관료는 자신의 직무에 어두워 봉급만 축내기 일쑤다. 게다가 이러한 관료는 대개 새로운 시도를 하지 않고 기존의 전례만을 답습하거나 자신의 일을 남에게 떠넘기기 바쁘다. 국가의 공적인 임무를 맡은 관리가 대부분 이러한 행태를 보인다면 그 국가가 온전히 작동하기는 어렵다.

정약용은 이웃 나라 일본의 경우 이러한 폐단을 불러일으키는 과거학이 없기 때문에 갖가지 효과를 보고 있다고 판단한다. 가령 일본의 문학文學은 오랑캐 가운데 최고 수준이고 무력은 중국과 맞먹으며 국가의 기강이 잡혀 있는 것 등을 그 효과로 제시한다. 일본에 대한 이런 평가가 정당한 것인지 의문이 가지만, 막부幕府, 바쿠후 체제의 일본에 과거제도가 없었던 것은 사실이다. 정약용은 일본이 직접 중국의 장쑤성江蘇省, 저장성浙江省과 교류해 좋은 서적을 모두 사 가고 또 과거의 폐단이 없어서 그 문학이 조선보다 더 뛰어나게 되었다고 부끄러워한 적이 있다. 이러한 사실은 과거제도에 대한 그의 혐오가 매우 깊었음을 보여준다.

사대부는 자신의 인격을 연마하는 수기修己와 남을 다스리는 치인治人의 책무를 짊어진다. 정약용은 유배 중에도《목민심서》를 지어 목민관이 가져야 할 몸가짐을 제시했다. 벼슬길에 있다가 유배의 고난을 겪고 있었지만 사대부로서 백성을 다스리는 임무를 늘 마음에 간직하고 있었기 때문이다. 사실 백성에게 실제 다가오는 국가의 권력은 임금이 아니라 중간에 있는 관리들이다. 그럼에도 비판적인 문제의식이나 책임의식이 없는 광대와 같은 관료를 선발하는 과거제도는 차라리 없애는 쪽이 사회와 국가에 더 이롭다고 할 수 있다. 특히 권력으로부터 소외된 계층이 벼슬길에 많이 배제되는 조선 후기의 불평등한 현실에서 과거제도의 폐해는 더욱 심했다.

문장과 글자 풀이의 의미와 한계

조선의 사대부 문화에서는 무엇보다 문장이 중요했다. 문장을 통해 과거에 급제하여 벼슬길에 오를 수도 있고 필명筆名을 날려 역사에 길이 남을 수도 있기 때문이다. 선비의 문장은 대부분 고전적인 인물이나 문헌의 문장을 배우고 익히는 데서 시작한다. 다시 말해 모범이 되는 글을 모방하고 학습하는 것이 문장을 배우는 중요한 길이다. 문장 자체가 국가를 경영하는 핵심적인 도구로 인식되는 것은 아니었지만 문장은 사대부의 문화적 품격을 확인시켜주는 역할을 했다. 따라서 문장을 가다듬는 일에 큰 의미를 부여하지 않는 선비라 하더라도 문장은 기본적으로 익혔다.

그런데 문장 자체에 너무 관심을 기울이고 그 일에서 만족을 찾는 선비들이 문제가 된다. 이러한 선비들은 지금의 표현으로 말하면 '문학을 위한 문학'을 지향했다고 할 수 있다. 곧 문학이 다른 요소로 환원될 수 없는 그 자체의 고유한 가치를 가진다고 보는 입장이다. 이러한 견해에 따르면 문장 자체의 완성도를 높이기 위해 심혈을 기울이는 작업은 자연스러운 일이다. 하지만 정약용은 문학을 위한 문학이 초래하는 자기 망각과 현실 외면에 대해 비판하지 않을 수 없었다. 문장학에 대한 그의 비판은 이른바 '이단異端'에 대한 비판보다도 더 엄했다.

> 양주·묵적·노자·불교는 비록 그 주장하는 점에 차이가 있지만, 요약하면 모두 자기를 극복하고 이기적인 욕구를 끊음으로써 선을 행하고 악을 버리려고 하였다. 그런데 저 한유韓愈·유종원柳宗元·구양수歐陽脩·소식蘇軾의 경우, 그들이 스스로 사명으로 여긴 것은 오직 문장뿐이었다. 문장이 어떻게 몸을 평안하게 하고 본성을 보전할 수 있겠는가?
>
> 〈오학론(五學論)〉

맹자는 '자기를 위하자'는 위아설爲我說의 양주楊朱, BC 440?~360?에 대해 한 터럭을 뽑아 천하를 이롭게 해도 그러지 않을 이기적인 인물이라고 비판한 적이 있다. 또 '두루 사랑하자'는 겸애설兼愛說의 묵적墨翟, 곧 묵자墨子, BC 480~390는 가족의 우선성을 부정하는 인물이라고 비판했다. 노자와 불교는 전통적으로 허무虛無하여 현실 세계와 유리되어 있다는 평가를 받는다. 유교에서는 '벽이단闢異端' 곧 유교의 정통과 다른 사상인 이단

🏛 벽이단

"이단에 전념하면 해로울 뿐이다"라고 한 공자의 말에서 비롯된 것으로, 역사적으로 보면 중국에선 맹자가 양주와 묵자를 이단으로 규정한 일, 당나라 말기 한유(768~824)가 불교와 도교를 배척한 일, 청나라 때 천주교를 배격한 일 등이 있고, 우리나라에선 고려 말 조선 초에 정도전(鄭道傳, 1337~1398)이 중심이 돼 불교를 이단으로 규정한 일, 조선 후기 서양 문물과 천주교를 이단으로 배격하며 유학을 수호하자고 했던 위정척사(衛正斥邪) 운동 등이 있다.

을 배척하는 일을 중요한 과제로 설정한다. 그런데 정약용은 이런 이단의 경우는 그래도 사적인 욕망을 초월하려는 고전적인 이상을 갖고 있다고 인정한다. 다시 말해 비록 길이 잘못되었지만 선을 행하려는 윤리적 관심은 긍정적으로 평가한 것이다.

이와 달리 정약용은 문장학이 유교의 도를 해치는 '좀벌레'와 같다고 혹독하게 비판한다. 사회의 부조리한 현실에 비판적인 안목을 갖고 있던 그에게, 삶과 국가의 현실에서 동떨어져 글자 하나하나 아름답게 가다듬는 데 몰두하는 문장학은 지식인의 사치스런 자기만족에 불과하다. 따라서 정약용은 중국 당송唐宋시대의 저명한 문장가들인 유종원柳宗元, 773~819 · 구양수歐陽脩, 1007~1072 · 소식蘇軾, 1036~1101의 글에 대해 "화려하지만 알맹이가 없고 기묘하지만 올바르지 않다〔華而無實, 奇而不正〕"고 비판한다. 정약용에게 이들은 단지 외형만을 추구하고 가슴속 깊은 곳에 진리를 축적하고 있지 못한 인물들이다. 더 나아가 《삼국지연의三國志演義》의 나관중羅貫中, 1330?~1400이나 자유분방한 문예비평을 한 김성탄金聖嘆, ?~1661을 받드는 무리는 감정에 휘둘려 창자가 끊어진 다음에야 그만둔다고 비꼰다. 그에게 당시의 문장학은 인간의 본성이라는 근본과 국가의 사무를 망각하는 폐단이 있었던 셈이다.

하지만 정약용이 문장만을 위한 문장학을 비판한다고 해서 문장의 가치 자체를 부정하는 것은 아니다. 그는 유교 전통에서 경전으로 받들어지는 문장에 대해 높이 평가한다. 가령 《주역易經》은 문장이 정미롭고 교묘하며, 《시경詩經》은 온유하고 격절激切하며, 《서경書經》은 전아典雅하고 치밀하며, 《논어論語》는 현명하고 성스러우며, 《맹자孟子》는 본성과 도의 본체를 알아 조리있다고 한다. 여기서 중요한 점은 이러한 문장을 지을 수 있는 문장가의 마음이다. 문장이란 문장을 짓는 사람의 마음 상태나 경지를 반영하기 때문이다. 유교의 경전을 지은 성현의 마음은 그러한 경전의 문장이 갖는 성격을 지닌 것이다.

정약용은 참다운 문장의 성립 과정을 문장 주체와 세계의 만남이라는 관점에서 바라본다. 문장의 주인은 천지의 이치와 만물의 실정을 두루 알고 있어야 한다. 우리의 마음속에 일상생활의 이치나 실정이 담겨 있지 않다면, 우리가 비록 무언가 글로 표현하려 해도 제대로 된 문장이 나오기 어려운 법이다. 그런데 마음속에 담기는 일상의 이치는 단지 외적인 사물에 대한 탐구만으로 이뤄지는 것이 아니다. 정약용은 중심·조화·공경·항상됨〔中·和·祗·庸〕의 실천으로 내면의 덕을 배양하고 효도·공경·충실·신의〔孝·弟·忠·信〕로 외면의 행위를 돈독하게 할 것을 주문한다. 이러한 덕목들의 실천에 기초해야만 성현의 경전을 통해 천지의 이치와 만물의 실정을 이해할 수 있기 때문이다. 만일 이러한 인륜의 덕목을 실천하지 않고 단지 관념적으로 사물의 이치만을 궁구하려 한다면, 성숙한 인격의 마음을 갖기는 어렵다. 유학자로서 정약용은 문장이라는 글의 형식에서도 인륜의 실천과 유교 경전의 학습을 중시한다.

실천적 덕목과 유교 경전의 학습을 통해 천지의 이치와 만물의 실정이 마음속에 축적되면 외부 사물과 부딪치면서 그것이 문장으로 표출된다. 다시 말해 천하의 이치와 만물에 대한 이해가 담긴 마음, 곧 주체가 세계와 만나면서 역동적으로 상호작용하는 과정이 문장의 성립에 전제된다. 마음속에 축적된 이치와 실정이 더 이상 가둘 수 없을 정도로 축적되었을 때, 외부의 사물과 부딪치면서 생기는 어떤 느낌을 표현하지 않을 수 없게 된다. 정약용은 이런 과정으로 나온 문장이 마치 눈부신 태양처럼 빛나서 사람뿐만 아니라 귀신까지 감동시킬 수 있다고 보았다. 그가 민중의 고통과 사회의 부조리를 고발하는 힘 있는 문장을 지은 배경에는 이처럼 역동적인 문장관이 놓여 있었다.

유교의 사상은 유교 경전에 대한 해석의 역사 속에 존재한다고 해도 과언이 아니다. 유학자는 성인의 진리를 간직하고 있다고 믿어지는 유교 경전을 매개로 자신의 사상을 정당화하기 때문이다. 특히 중국의 진秦나라 시황제始皇帝, 재위 BC 246-210가 이른바 '분서갱유焚書坑儒'라고 하는 유학 말살 정책을 편 덕택에 역설적으로 각종 경전의 해석이 담긴 주석註釋 문화가 발전하게 된다. 주석의 학풍을 크게 나눠보면 한대漢代의 훈고학訓詁學과 송대宋代의 의리학義理學으로 구분된다. 전자가 글자풀이 자체에 집중하는 주석 형태라면, 후자는 성리학의 형이상학에 따라 글자를 넘어 성현의 마음을 체득하려는 해석의 문화다.

조선 사회는 성리학적인 이념에 따라 구성되고 통치되었으므로 성리학의 방식에 따라 경전을 해석하는 풍토가 강했다. 특히 주희朱熹, 1130-1200가 사서四書, 곧 《대학大學》·《중용中庸》·《논어》·《맹자》에 대해 주석을 단 《사서집주四書集注》는 절대적인 영향력을 행사했다. 하지만 중국의 경우는 비록 주희의 학문이 관학官學의 지위를 차지하고 있었지만 명대明代에는 양명학陽明學이, 청대淸代에는 고증학考證學이 유행했다. 엄격한 문헌 고증과 훈고의 학풍을 중시하는 고증학은 사실 한대 훈고학의 연장이라고 할 수 있다. 따라서 송대의 주석학을 송학宋學이라 하면, 한대와 청대의 훈고학과 고증학은 모두 한학漢學으로 포괄된다.

> 청나라 학자의 학문은 고증考證에 뛰어나고, 고증의 방법은 훈고訓에 정밀하나 의리에는 소략하다. …… 송학이 반드시 다 옳지는 않지만 그 몸과 마음에서 의리를 체득하여 실천하는 자세는 옳다.
>
> 《염씨고문소증초(閻氏古文疏證抄)》

정약용이 살던 당대에 훈고학이란 청대의 고증학을 의미한다. 당시 고증학의 학풍이 조선에서도 유행했는데, 고증학은 한학과 송학의 장점을 절충한다는 명분으로 일어나 확산되었다. 하지만 실제 고증학은 세세한 문헌 고증에 함몰되어 사회적인 문제나 변화에 대한 해답을 제시하지 못했다. 고증학은 학문 방식에서도 광범위한 학습〔博學〕만을 강조해 지식의 잡다한 확대에 치중했다. 《중용》에서는 광범위한 학습, 상세한 질문〔審問〕, 신중한 사유〔愼思〕, 명백한 분별〔明辨〕, 독실한 실천〔篤行〕을 학문의 길로 제시하고 있다. 이처럼 학습부터 비판적인 사유와 분석, 실천까지 아우르는 학문의 길 가운데, 고증학은 광범위한 학습만을 중시하고 자기 성찰의 학문을 외면한 셈이다.

정약용은 글자의 외면적인 뜻만을 밝히고 세밀한 문헌 고증에만 집중하는 훈고학은 유교의 의리에 어둡다고 보았다. 그가 늘 강조하는 효도·공경의 가르침, 예절·음악·형벌·정치의 제도는 모두 유교의 의리와 관련되는 내용들이다. 이러한 내용에 대해 깜깜하면서 광범위한 학습이나 세세한 고증의 변론을 자랑하는 사람은 자신을 닦고 남을 다스리는 과제를 망각하기 쉽다. 몸과 마음으로 도리를 체득해 실천하려는 자세는 자기 성숙에 필수다. 이런 자세가 확보되어야만, "글은 스스로 글이고, 나는 스스로 나다〔書自書, 我自我〕"라는 말로 표현되는 삶과 글의 단절을 막을 수 있다. 따라서 정약용은 고증학을 통해 자신의 경전 해석을 뒷받침하면서도 송학의 자기 성찰적인 해석의 방식을 더욱 중시했다.

내세는 본가, 현세는 동물의 세계?

정약용은 23세이던 1784년 4월 보름 큰형수의 제사를 마친 뒤 큰형 약현若鉉의 처남이던 이벽과 함께 고향 마재馬峴, 현 경기도 남양주시 조안면 능내리 일대에서 배를 타고 한강으로 내려왔다. 이때 이벽은 천주교의 교리를 처음으로 정약용에게 소개했으며, 서울에 와서는《천주실의天主實義》와《칠극七克》등의 천주교 관련 서적을 전해준다. 이벽은 천주교 신앙을 열정적으로 전파한 지식인으로서, 정약용에게 큰 영향을 줬다. 특히 성균관 학생이던 정약용이

1784년 여름 정조가 《중용》과 관련하여 내린 의문점에 답할 때, 이벽은 자신을 찾아온 정약용과 토론하면서 답안의 작성을 도와 줌으로써 유교 경전 해석에서도 큰 영향을 주었다.

《천주실의》와 《칠극》은 각각 예수회 선교사로 중국에 와서 천주교를 전파하던 마테오 리치Matteo Ricci, 1552~1610, 중국명 利瑪竇와 판토하Diego de Pantoja, 1571~1618, 중국명 龐迪我가 한문으로 저술한 교리서다. 전자는 천주교의 기본 개념들을 중국 지식인이 이해하도록 소개하고 있으며, 후자는 극복해야 할 마음의 질병 7가지에 대해 기술하고 있다. 이러한 저서를 탐독하면서 서학의 세계관에 강한 자극을 받은 정약용은 사회적인 지탄에도 불구하고 천주고 신앙에 경도되었다. 그러던 중 1790년 베이징 교회가 유교식의 제사를 금지하자 1791년 전라도 진산珍山,현 충남 금산군 진산면 일대에서 윤지충尹持忠과 권상연權尙然이 부모의 제사를 폐지하고 신주神主를 불사른 '진산 사건'이 발생하게 된다.

유교 입장에서 보면, 제사란 조상과 후손의 지속적인 교류가 이뤄지는 성스러운 의례이며, 신주란 후손의 정성을 받아들이는 조상신이 깃든 성스러운 상징물이다. 제사라는 의례를 통해 조상과 후손은 생명의 영원한 연속 관계를 보장받으며, 이를 통해 조상은 위안을 받고 후손은 도움을 얻는다. 이러한 제사를 폐지하고 신주를 불사른 행위는 그 당시 상상하기도 힘든 폭력적 만행이자 금수만도 못한 인간이 하는 행위로 받아들여졌다. 이것은 상이한 절대적인 신념체계가 만나면서 발생한 종교 충돌 현상이라 할 수 있다.

1797년에 천주교 신자라는 비방을 받게 된 정약용은 정조에게 자신은 천주교와 더 이상 관련이 없음을 해명하는 상소문 〈변방사동부승지소辨謗辭同副承旨疏〉를 올리며 다음과 같이 말한다.

유교의 별파別派로 인식하였는데 …… 천주교 책 속에는 인륜을 상하게 하고 하늘의 이치에 어긋나는 말이 진실로 다 헤아릴 수 없이 많습니다. 또한 감히 전하의 귀를 더럽힐 수는 없으나, 제사를 폐한다는 말은 제가 전에 그 책에서 진정 본 적이 없습니다. …… 옛날에 일찍이 흠모한 것을 돌이켜보니, 하나라도 허황하고 괴이하며 망령되지 않은 것이 없었습니다. 그 죽음과 삶에 대한 말은 부처가 만든 공포령恐怖令입니다.

그는 본래 서학이 전해준 천문天文과 역상曆象 등의 자연과학 지식에 관심이 많았다. 조선 후기에 서양의 자연과학은 중국에 온 선교사들을 통해서 유입되었으며, 그 뛰어난 기술력과 정확성으로 유명했다. 선교사들은 천주교 신앙인이었을 뿐만 아니라 서양의 앞선 과학기술을 중국에 소개한 선진 지식인이기도 했다. 그래서 서양의 학문, 곧 '서학'이라고 하면 보통 서양의 과학기술과 천주교 신앙 두 가지가 모두 포함된다. 천주교 신앙의 전파도 원래는 새로운 서양의 과학 지식에 대한 관심에서 시작하는 경우가 많았다.

정약용은 제사 금지령이 있기 전에 천주교를 접했고 마테오리치의 《천주실의》 자체가 유교적인 맥락을 잘 활용하고 있기 때문에 유교의 별파라고 인식했다. 사실 《천주실의》는 중국의 유교 지식인에게 포교하려는 목적에서 지어진 것이기 때문에, 유교 지식인의 관심과 관점을 체계적으로 반영하고 있다. 다시 말해 《천주실의》는 기본적으로는 중국 고대의 원시 유교와 천주교의 상관성을 강조하는 내용을 담고 있다. 특히 성리학적 세계관에 대한 마테오 리치의 비판적인 인식은 성리학이 엄격하게 지배하고 있던 조선 사회에 새로운 사상의 빛을 제공한다. 청년 정약용은 이 사상의 빛을 경험하고 자신의 마음속에 받아들였다.

하지만 정약용은 〈변방사동부승지소〉에서 진산 사건 이후 자신이 완전히 천주교와 단절했음을 고백하고 있다. 이 상소문을 올리기 2년 전 1795년에 청나라 신부 주문모周文謨가 변복을 하고 몰래 들어와 북악산 아래에 숨어서 천주교를 전파하다 적발된 사건이 있었다. 이 사건에 연루되어 정약용은 금정찰방으로 좌천되었는데, 그곳에서 그는 천주교 신자들에게 조정의 금지령을 알리고 제사를 권장하는 직무를 수행했다. 이런 사실에서도 진산 사건 이후 정약용이 천주교와 거리를 두었음을 알 수 있다. 그런데 천주교 측 문헌에서는 그가 말년에 자신의 배교背敎를 뉘우치고 신앙 생활에 열심이었다고 기술하고 있다. 하지만 그의 문집에는 다시 신앙 생활을 하게 되었다는 내용이 전혀 없다.

그가 상소문에서 천주교의 문제점으로 삼는 비판의 논점은 두 가지다. 첫째, 천주교는 인륜을 해친다. 여기서 인륜은 조상에 대한 제사와 연관되어 있는 효도가 초점이다. 유교의 가치 체계에서 효도는 가장 중요하고 근원적인 덕목이었다. 유교가 설정하는 인류 자체가 부모와 자식, 형과 아우 사이의 관계를 사회적으로 확장하는 구도 속에서 작동하기 때문이다. 가령 효도와 공경은 단지 가족 내부의 덕목에 국한되지 않고 사회 제도와 여타 인간관계에서도 근본적인 지위를 갖는다. 그러므로 유교적인 인류 질서는 사람이 사람으로서 살아가야 하는 절대적인 길이다. 인류을 상징하는 제사를 부정하는 것은 유교의 근본 체계를 부정하는 셈이다.

둘째, 천주교는 현세를 부정하고 내세를 지향한다. 유학의 사유는 근원적으로 세계의 실재성과 함께 현세의 일상생활을 긍정한다. 가령 생명의 탄생 자체가 저주받을 일이 아니라 우주적인 축복을 받을 만한 사건이 된다. 이 세계에 하나의 인간으로 태어나는 사건은 조상으로부터 후손으로 이어지는 생명의 우주적 연속성을 보장한다. 그러므로 당연히 생명과 인류이 작동하는 현실 세계를 긍정하지 않을 수 없다. 공자孔子, BC 552~479가 일찍이 "삶도 아직 모르는데 어찌 죽음을 알겠느냐?〔未知生, 焉知死?〕"라고 말한 데서도 알 수 있듯이, 비록 죽음 이후의 세계를 부정하지는 않더라도 유교에서 관심의 중심은 삶의 현장이었다.

이에 비해 마테오 리치의 《천주실의》는 현세의 가치를 부정하고 내세를 지향하는 관점을 보여준다. 가령 리치는 태어남은 흉사凶事가 되고 죽음은 길사吉事가 된다고 하면서 현세는 사람의 세상이 아니라 동물의 세계라고 한다. 다시 말해 현세란 동물들이나 만족해하는 곳이며 사람은 본가本家인 내세에 가서야 영원한 기쁨을 얻을 수 있다고 한다. 이러한 내세중심주의는 천당과 지옥으로 대변되는 사후세계와 연관된다. 천주의 뜻대로 살면 천당에서 영원한 행복을, 그렇지 않으면 지옥에서 영원한 고통을 겪는다는 말이다. 정약용은 이런 천주교의 논리가 불교의 천당지옥설과 똑같이 미래의 공포에 의존하여 믿게 하는 것이라고 비판했다.

공허한 이치와 성리학의 폐단

조선 사회의 지배 이념인 성리학은 '본성이 세계의 보편적인 이치[性卽理]'라는 관점에 기초해서 구축된 사상체계였다. 지금은 성리학이란 명칭이 많이 쓰이지만 성리학자는 원래 자신의 학문을 '도학道學', 곧 궁극적인 진리에 대한 학문체계라고 불렀다. 도학은 도교와 불교의 번영 속에서 위축된 유교의 새로운 부활 운동으로 중국의 송나라 때 탄생한다. 도학에서는 불교와 달리 마음으로 환원되지 않는 세계와 일상의 실재성을 긍정하고, 그 위에서 인륜의 가치를 중시한다. 본성이 자기 마음에 있지만 그것이 내면으로 환원되지 않고 외부 세계의 이치와 동일하다고 보는 '성즉리'의 명제는 바로 이러한 도학의 근원적인 지향점을 잘 보여준다. 그래서 도학이 성리학으로도 불리는 것이다.

우선 존재론의 측면에서 성리학의 이치는 기氣와 함께 만물을 구성하는 세계구성적인 요인이다. 다시 말해 이 세계 속의 모든 존재는 서로 떨어지지도 않고 서로 섞이지도 않는 이치와 기의 결합으로 탄생하게 된다. 도학의 집대성자인 주희는 도학의 시조로 평가되는 주돈이周敦頤, 1017~1073의 《태극도설太極圖說》에 기초해서 태극太極에서 음양오행 陰陽五行으로, 그리고 만물로 이어지는 우주발생론을 주장한다. 여기서 세계의 모든 존재를 생성시키는 궁극실재로서 '태극Great Ultimate'은 우주의 보편적 원리인 '이치'이기도 하다. 그리고 이러한 '태극=이치'는 단지 만물의 생성에만 관여하는 것이 아니라 생성되는 모든 개체 안에 본성으로 내재한다. 다시 말해 현상적으로 상이한 모든 개체의 본성 모두 동일한 '태극=이치'의 내재다. 따라서 이처럼 보편적인 본성은 개체적인 유한성을 초월하여 모두 하나가 되는 통일성의 원리로 기능한다. 이러한 성리학의 논리에서 보면, 우리가 경험하는 현상적인 개체의 차별성은 오로지 기질의 차이에 기인한 것에 불과하다.

정약용은 조선 사회를 지탱한 성리학의 세계관을 비판하고 해체하는 학문적 작업에 심혈을 기울인다. 이러한 비판과 해체의 과정에서 가장 중요한 관건은 역시 '이치'라는 보편적인 관념이었다. 정약용은 이치〔理〕가 독립적인 실체가 아니라 '의존적인 속성〔依附之品〕'에 불과하다고 선언한다. 이 선언은 성리학이 형이상학적 실체이자 만물의 근원으로 떠받드는 이치가 궁극적 실재의 위상을 지니지 못한다는 비판을 담고 있다. 정약용에게 이치는 옥玉 같은 물체에 있는 결〔脈理〕처럼 의존적인 속성에 불과하다. 독립적인 사물에 의존할 수밖에 없는 속성은 스스로 존재하는 독립적인 사물보다 존재론적으로 우월한 위상을 가질 수 없다. 따라서 이치는 지각 능력을 갖춘 생명체보다 우월할 수 없으며 동시에 만물을 주관할 수 있는 위엄도 지니지 못한다. 그래서 정약용은 다음과 같이 말한다.

> 이치는 본래 지각 능력이 없고 또한 위엄도 없다.
>
> 《중용자잠(中庸自箴)》

정약용의 성리학 비판에는 마테오 리치의 논리가 중요하게 활용된다. 다산이 비록 신앙의 차원에서 천주교에 등을 지게 되었지만 청년기에 습득한 《천주실의》의 논리 체계는 성리학을 비판하는 중요한 근거로 남게 된다. 《천주실의》에서 리치는 성리학의 이치를 비판하는 데 '실체와 속성'이라는 범주를 사용한다. 그는 아리스토텔레스의 논법에 따라 모든 사물이 존재하는 범주를 실체와 속성으로 나눈다. '실체〔自立者〕'란 다른 것에 의존하지 않고 스스로 자립하는 개체적 사물이고, '속성〔依賴者〕'은 스스로 설 수 없어서 실체에 의존한다. 가령 사람이 하나의 실체라고 한다면 그 사람이 갖고 있는 감정, 목소리, 용모 등은 속성이 된다. 실체는 하나지만 그에 따르는 속성은 다양하다. 따라서 이러한 구분에서는 당연히 실체가 속성에 우선 존재하며 더 귀중하다.

성리학에서는 이치가 개체에 내재하면 '본성'이 되고 외부 사물에 있으면 '이치'라고 한다. 본성은 마음속에 있고 외부의 이치는 사물에 있다. 따라서 리치의 논리에 따르면, 마음속에 있는 이치 곧 본성이나 외부의 사물에 있는 이치 모두 마음과 사물보다 우선적으로 존재할 수 없다. 다시 말해 성리학에서 말하는 이치란 실체에 종속된 속성에 불과하다. 그렇다면 이치는 당연히 만물의 근원이나 창조의 주체가 될 수 없다. 성리학에서는 우주 안의 사물이 존재하기 이전에 이치가 있는 것으로 생각하는데, 리치는 이러한 이치의 선재성先在性을 인정하지 않는다. 그에게 우주만물보다 앞서 존재할 수 있는 존재는 창조주 하느님, 곧 천주天主밖에 없기 때문이다.

마테오 리치에 따르면, 성리학의 '태극＝이치(理)'는 실체에 종속된 속성에 불과하기 때문에 실체의 능력이라고 할 수 있는 이성 능력과 지각 능력이 결여되어 있다. 이성 능력과 지각 능력이 없는 이치는 당연히 그러한 능력을 갖춘 실체들, 곧 인간이나 동물 등을 만들어낼 수 있는 창조 역량이 없다. 논리적으로 봐도, 의존적 속성인 이치가 자기보다 우월한 실체를 창조할 수는 없다. 리치 입장에서는 천주만이 이성과 지각의 능력을 지니고 만물을 창조할 수 있는 역량을 갖고 있다. 정약용은 비록 자신의 하늘, 곧 상제上帝를 리치의 천주처럼 설명하지는 않았지만, 성리학의 궁극실재인 이치를 속성으로 규정하여 비판하는 리치의 논리를 활용했다.

성리학적인 사유에서는 인간이라는 생명체가 갖는 고유성뿐만 아니라 인간 개체 사이의 차이 역시 선천적인 기질의 차이에서 찾는다. 우리는 모두 사람이지만 생김새와 체격, 성격과 습관에 이르기까지 다른 사람과 구별되는 특징을 갖고 있다. 그런데 성리학에서는 이러한 개별적인 인간이 갖는 차이의 원인을 기질의 구성에서 찾는다. 예를 들어 신체를 이루는 기질이 맑으면 도리에 대한 이해 능력이 뛰어나고, 기질이 탁하면 이해 능력이 떨어진다고 본다. 또 기질이 순수하면 실천을 잘하고 순수하지 못하면 실천을 잘 못하는 것이라고 한다.

하지만 정약용은 태어나면서 갖게 되는 선천적인 기질은 인간의 윤리적인 실천과 상관없다고 본다. 다시 말해 기질 자체가 선악의 문제를 결정하는 규정력을 갖는다고 보지 않는다. 만일 누가 잘못을 저질렀을 때, "네 타고난 기질이 탁해서 그래!"라는 식으로 말한다고 가정해보자. 기질이란 자기 부모에게서 물려받은 선천적인 요소인데, 그것 때문에 선악이 결정된다면 그 개인의 책임은 어디에서 구해야 하는가? 그 부모에게서 구한다고 한다면, 그 부모 역시 부모의 부모에게서 구해야 하는가? 이런 식의 무한소급은 윤리적 행위의 책임 주체를 희석시키고 만다.

정약용은 지성적 능력의 선천적인 차이는 인정한다. 하지만 지성적인 능력이 인간의 윤리적인 문제를 결정한다고 보지는 않는다. 지식이 부족해도 선한 마음과 행위를 하는 사람을 주위에서 얼마든지 볼 수 있기 때문이다. 부모에게서 지적인 능력을 다르게 부여받았다 하더라도 누구나 선을 알아서 할 수 있다. 이런 입장에서 정약용은 자신의 책임 영역을 벗어난 선천적인 기질에서 불선不善의 원인을 찾는 성리학적 입장을 비판했다.

정약용의 이러한 비판에 대해 성리학의 기질론은 단순한 선천적 결정론이 아니라고 반박할 수 있다. 주희도 기질이 맑건 탁하건 학문을 제대로 하면 모두 선에 이르러 본성의 순수한 모습을 회복할 수 있다고 보았기 때문이다. 다시 말해 의식적인 노력을 통해 기질을 변화시킬 수도 있음을 말하고 있다. 하지만 정약용은 기질이라는 자연의 조건을 윤리의 영역과 결부지어 그 변화 가능성을 말하는 관점 역시 윤리의 주체와 책임의 문제를 왜곡시킨다고 보았다.

수양론의 측면에서 주희의 성리학적 사유에는 현상적인 경험의 영역을 넘어서 내면의 깊은 본질적 상태에 치중하는 경향이 있다. 왜냐하면 성리학의 본성은 순수한 본질로서 의식의 영역 너머에 있기 때문이다. 우리는 일상생활에서 갖가지 갈등을 경험하고 잘못을 저지르면서 자신의 부족한 점에 대해 반성을 하게 된다. 그런데 이러한 반성은 모두 현상적인 마음의 차원에서 이뤄지는 의식적인 성찰의 성격을 갖는다. '내가 무엇을 어떻게 잘못했구나' 하고 반성하는 과정은 이처럼 우리의 반성적인 의식이다. 그런데 성리학에서 말하는 이른바 함양涵養 또는 존양存養이란 수양은 외부 사물의 자극이나 의식적인 사유가 작동하지 않는 자리의 공부다. 함양이나 존양이란 말에서 알 수 있듯이, 이것은 의식 이전의 순수한 본성을 마치 생명의 씨앗처럼 물도 주고 거름도 주어 길러주는 이미지를 풍긴다.

성리학의 내성적인 관조에 대해 정약용은 "본성의 낟알이 주렁주렁하여 마치 복숭아씨나 살구씨가 숨어 있는 것과 같은 것인가?"라고 반문한다. 마음이라는 공간에 본성이 씨앗처럼 존재하여 함양의 공부를 받아 자랄 수 있겠느냐는 의문이다. 이것은 본성을 하나의 실체로 여기고 거기에 관심을 경주하는 내성적인 태도를 비판한 것이다. 본성이 완전한 잠재성을 갖고 마음속에 있다고 보면, 그러한 본성이 바로 윤리적인 본질이기 때문에 그것 자체에 대하여 추구하는 경향이 생기게 된다. 다시 말해 외부 사물이나 타인과 맺는 관계에 집중하기보다는 자기 내면의 본성에 궁극적인 관심을 기울이게 된다. 이러한 성향은 성리학이 본래 불교를 비판하고 극복하고자 했음에도 역설적으로 불교적인 사유 구조로부터 영향을 받은 사례라 할 수 있다.

　원래 성리학자들 역시 사회 현실에 발생하는 수많은 문제를 감당해야 하는 지식인 관료다. 그런데 정약용이 비판한 조선 후기의 성리학자들은 이치(理)니 기(氣)니 본성(性)이니 감정(情)이니 본체(體)니 작용(用)이니 하면서 사변적인 논쟁으로 세월을 보내며 서로 대립하고 있었다. 이런 사변적인 주제로 시시콜콜 분석하고 싸우면서 생산적인 결과를 낳지 못하는 것은 성리학자가 사회 현실과 유리되어 있음을 보여준다. 다시 말해 현실과 분리된 학문의 세계를 구축하면서 자기만족에 빠져 있던 셈이다. 더욱이 자기가 속한 붕당에 기초해서 견해가 다른 사람을 마치 원수를 대하듯이 대대로 원망하고 공격하는 풍토가 만연했다. 심하게 표현하면, 이러한 풍토는 사대부의 '패거리 문화'라 할 수 있다. 무엇이 진리인가 하는 관점이 아니라 누가 우리 편인가 하는 관점에서 접근하기 때문이다. 진리를 추구하는 지식인이 자신이 속한 집단을 위해 맹목적인 충성을 바칠 때, 그들의 지식은 세상을 왜곡하는 수단이 될 뿐이다.

현실과 무관한 사변적인 논쟁뿐만 아니라 성리학자들의 허위적인 명분의식도 도마에 오른다. 지방에서 특정한 학파의 지도자로 유명하여 '산림山林'으로 대접받는 인물도 대개는 자신의 허망한 명성에 집착할 뿐이었다. 그들은 실제적인 업무를 맡아 일을 하는 것을 수치로 여기고 자신은 어디까지나 고상한 학문적 논의로 숭상받기를 원한다. 이러한 성리학자 가운데 스스로 은사隱士, 곧 숨어 지내는 현명한 선비라고 자칭하면서 벼슬하려 하지 않는 경우도 있었다. 정약용은 이처럼 타당한 이유 없이 숨어 지내는 것을 '소은素隱'이라고 하여 매우 비판적이었다. 그는 도를 배우는 사람이 선비[士]이며 선비란 벼슬[仕]한다는 뜻이라고 본다. 곧 선비는 부득이한 변고를 만나 숨어 사는 경우를 제외하고는 벼슬을 하면서 백성에게 은택을 베풀고 국가를 다스리는 책무를 짊어진다.

성리학이란 용어 속의 본성[性]과 이치[理]는 원래 유교 경전에 나오는 용어다. 다시 말해 경전의 근거가 있기 때문에, 정약용은 조선의 성리학을 비판하면서도 동시에 성리학의 진정한 본래 의미를 제시한다. 진정한 성리학에서는 효도·공경·충실·신의가 하늘을 섬기는 근본이 되고, 예절·음악·형벌·정치는 사람을 다스리는 도구가 되며, '진실한 의지[誠意]'와 '올바른 마음[正心]'이 하늘과 사람을 연결시키는 관건이 된다. 정약용에게 효도·공경·충실·신의의 덕목은 단지 사람의 윤리적인 문제에 국한되지 않고 하늘을 섬기는 길이기도 하다. 따라서 사람을 다스리는 예절·음악·형벌·정치 역시 인륜의 실천을 각 영역에서 지향하는 도구가 된다. 주체의 측면에서 보면, 하늘을 섬기는 인륜의 실천은 진실한 의지와 올바른 마음에 기초한다. 그래서 정약용은 인륜을 실천할 수 있는 선천적 근거인 본성이 하늘에 근원한다고 말한다.

성찰과 실천의
주체를 위하여

선을 좋아하는 마음의 욕구, 본성

정약용이 기존의 성리학 전통이나 천주교와 다른 고유한 인간을 구성하려고 했다면, 그의 새로운 인간은 새로운 본성에 기초해야 한다. 조선 사회에서 본성이란 주제는 인간을 규정하는 핵심적인 관건이었기 때문이다. 그는 무엇보다 본성을 마음의 현상적인 '기호嗜好'로 이해했다. 곧 정약용에게 사람의 본성은 '선을 좋아하고 악을 미워하는 마음의 윤리적인 욕구'를 가리킨다.

본성은 마음의 욕구〔嗜好〕다. ⋯⋯ 마음의 됨됨이는 선을 좋아

하고 악을 미워하며 덕을 좋아하고 더러움을 부끄러워한다. 이
러한 작용을 본성이라 하고 이러한 성격을 성선性善이라 한다.

《중용자잠(中庸自箴)》

간혹 우리가 망각하거나 외면할지라도 우리는 누구나 자신의
마음속에서 선을 좋아하고 악을 미워하는 영역이 있음을 경험한
다. 꿩이 산을 좋아하고 벼가 물을 좋아하며 사슴이 들을 좋아하
는 본성을 갖고 있듯이, 우리가 갖고 있는 마음의 욕구도 본래는
선을 좋아한다. 이 경우, 마음의 윤리적 욕구로서의 본성은 마음
이라는 내면의 주체를 전제해야만 작동한다. 다시 말해 마음을
지닌 개체로서의 인간의 실존이 있어야만 본성의 작용을 말할
수 있다.

성리학에서는 우주의 보편적인 이치[太極]이자 일상의 실천적
인 규범이 본성으로 내재한다고 본다. 이러한 본성은 형이상학적
인 실체이자 절대선絶對善으로서 사실상 역사의 변화나 조건에 의
해 소멸될 수 없는 영원한 의미를 갖는다. 즉 역사적인 생성이나
변화를 초월해 있는 초역사적인 보편적 본성[本然之性]이다. 다만
그것이 내재하고 있는 개체의 육체적인 조건에 의해 실현의 제약
을 받을 뿐이다. 실천적인 규범의 도리를 함축하고 있는 본성은
사람이 일상에서 타인과 또는 외부 사물과 맺어야 하는 윤리적
도덕성의 완전한 잠재태潛在態라고 할 수 있다. 이러한 성리학의
본성은 현상적인 의식의 마음을 초월하는 본질의 위상을 갖기 때
문에 내성적인 관조로 흐를 수 있다.

청년 시기의 정약용에게 사상적 영향을 준 마테오 리치는 일찍이 본성과 이치의 동일성에 기초한 성리학의 본성관을 비판했다. 리치는 성리학의 궁극실재인 이치를 의존적인 속성으로 규정함으로써 본성의 형이상학적 실체화를 부정한다. 리치에 따르면, 본성은 각 사물의 부류가 서로 구별되게 만드는 근본을 말한다. 이런 관점에서 인성人性, 곧 인간이 다른 부류와 구별되게 하는 본성은 '사물의 이치를 추론할 수 있는〔能推論理〕'능력이 된다. 다시 말해 생명이나 지각과 같은 요소는 식물이나 동물과 공유하기 때문에 사람의 고유한 본성이 아니며 오직 이성적인 추론 능력만이 인성이다. 그런데 이러한 이성적 추론 능력으로서의 인성은 선善뿐만 아니라 악惡까지 행할 수 있다. 비록 리치는 악을 선과 동일한 위상으로서가 아니라 '선의 부재'로 설정하지만 인성이 두 가지 모두 행할 수 있는 가능성을 갖는다고 보았다.

하지만 정약용에게 본성은 선을 할 수도 악을 할 수도 있는 유동적인 존재가 아니다. 그것은 선과 악을 구분하여 선을 좋아하고 악을 미워할 줄 아는 분별 능력을 갖춘 윤리적 욕구다. 따라서 악으로 향할 수 있는 가능성이 정약용의 본성에는 전혀 없다. 본성은 하늘이 사람에게 내려준 성스런 욕구로서, 선을 향한 순수한 지향성이기 때문이다. 본성이 선을 좋아하는 지향성은 직접적으로 주어진 자발적인 것이지 의식적인 분별과 노력을 통해 후천적으로 갖춰지는 것이 아니다. 이런 맥락에서 정약용의 본성은 성리학과 달리 우주적인 원리가 아닐 뿐만 아니라 마테오 리치와 달리 이성적인 추론 능력도 아니다.

정약용은 성리학이 말하는 완전한 절대선이 아니라 윤리적 욕구로 본성을 규정한다. 무언가를 바라는 욕구는 그 바라는 대상을 자신 안에 완비하고 있을 수가 없다. 만일 자기 안에 완비하고 있다면, 그것은 자기 외부의 대상을 욕구할 필요가 없는 자족적인 존재이기 때문이다. 욕구는 그 욕구의 대상이 충족되어야만 만족을 느끼게 된다. 따라서 선을 좋아하는 욕구로서의 본성 또한 충족되어야만 한다. 이러한 욕구를 충족하는 방식은 내면적인 관조가 아니라 외적이고 후천적인 실천이 된다. 곧 우리의 의식적인 노력과 선택을 통해 본성의 욕구를 실천해야만 그 욕구가 충족된다.

그런데 정말로 우리의 마음이 선을 좋아하는 본성을 가지고 있다는 점은 어디에서 확인할 수 있을까? 정약용은 선을 좋아하는 마음의 욕구가 본성이라는 점을 두 가지 단서로써 입증한다. 하나는 즉각적으로 경험하는 눈앞의 즐거움이다. 눈앞의 즐거움은 의식적인 노력이나 의지 없이 눈앞에서 바로 확인할 수 있는 무반성적인 즐거움이다. 예를 들어 도둑이 도둑질하여 악을 저질러도 누가 그런 사실을 모르고 칭찬하면 그는 좋아한다. 또 불효자에게 효성스럽다고 칭찬하면 그는 기뻐한다. 자신의 내적인 도덕적 기준과의 괴리 때문에 괴로워하는 경우도 있겠지만, 우리도 일상에서 자신의 잘못이 발각되지 않고 남한테 칭찬을 받으면 기분이 좋아진다. 이러한 사실은 실제 악을 저질러도 본래 마음의 욕구는 선을 좋아한다는 증거가 된다.

선을 좋아하는 본성을 갖고 있다는 점을 보여주는 또 다른 단서는 지속적인 행위의 결과로 경험된다. 예를 들어 선과 의로움을 지속적으로 실천한 사람은 하늘을 우러러봐도 부끄럽지 않고, 나아가 호연한 기상[浩然之氣]이 천지에 가득 차게 되어 모든 덕을 갖추게 된다. 반대로 날마다 양심을 저버리고 사는 사람은 이익으로 유혹하면 개나 돼지처럼 이리저리 끌려 다니고, 위세로 겁을 주면 여우나 토끼처럼 굴복하여 초췌하고 야윈 모습으로 죽음에 이른다. 전자는 선을 좋아하는 본성을 의식적인 노력을 통해 온전히 실현한 경우고, 후자는 자신의 본성을 배반하고 등진 경우다. 이러한 사례는 사람의 의식적인 행위가 초래하는 결과들로, 행위 주체의 의식적인 실천을 통해 선을 좋아하는 본성의 욕구를 지속적으로 충족시켜야 한다는 점을 잘 보여준다.

정약용의 새로운 본성이 갖는 성격을 정리해보면, 그것은 우선 선을 지향하는 마음의 윤리적 욕구다. 그가 말하는 본성은 순수하게 선하다는 점에서 주희와 상통하는 반면 악을 행할 수 있는 가능성을 갖고 있는 마테오 리치의 이성적 추론 능력과 구별된다. 동시에 정약용의 본성은 태극과 같은 형이상학적 실체나 본질의 내재가 아니라는 점에서 리치와 상통하고 주희와 차이가 난다. 정약용의 본성이 마음의 욕구라는 성격을 갖고 있기 때문에 그것은 항상 자신의 외부 세계를 향한다. 다시 말해 자기 내부에서 완전하고 순수한 만족을 이룰 수가 없으며, 반드시 타인과의 관계 속에서 실현되어야만 한다.

내면의 하늘과 자기 성찰

유교 경전인 《중용》은 "하늘의 명령을 본성이라 한다[天命之謂性]"는 유명한 구절로 시작한다. 유교 정통에 서 있는 사람이라면 누구든지 이 명제를 수용한다. 이 명제의 가르침을 따르면, 정약용이 제시한 본성, 즉 선을 좋아하는 욕구는 하늘이 사람에게 내린 명령이다. 다시 말해 사람은 자신의 본성을 실천하는 데 삶의 의미가 있다. 정약용 역시 하늘의 명령[天命]을 받들어 실천하는 일에서 사람의 성스런 소명을 읽어내려고 했다.

　정약용의 '하늘'을 이해하기 위해서는 먼저 기존의 유교 전통에서 말하는 하늘의 의미를 살펴볼 필요가 있다. 고대의 유교 경전에서는 하늘이 주로 인격신적인 이미지를 가진 상제上帝였는데, 성리학의 전통에서는 '하늘이 곧 이치[天卽理]'였다. 비록 인격신적인 상제가 완전히 부정되지는 않았지만 성리학에서는 보편적인 원리로서의 하늘이 중심이었다. 성리학적 세계관에서는 하늘도 이치이고 본성도 이치이므로, 사실상 '하늘 = 본성 = 이치'의 삼위일체三位一體, 곧 세 가지 위상으로 구분되지만 그 형이상학적 실체는 동일한 관계가 성립한다. 곧 사람이 마음속에 지닌 본성 자체만 충실하게 발현해도 하늘과 동일한 경지에 도달할 수 있다고 보았다.

　그런데 정약용은 인격의 하늘인 상제를 다시 궁극적인 실재로 새롭게 부활시킨다. 물론 이러한 부활에는 그가 청년기에 겪은 천주교의 영향이 없지 않을 것이다. 정약용은 상제 자체의 속성이나 역량에 대한 체계적인 설명을 거의 하지 않았다. 하지만 우주와 만물을 생성시키는 창조의 주인이라는 점에 한정한다면 천주교의 천주와 정약용의 상제는 그리 다르지 않다.

비록 존재론적인 지위에서 상제가 천주교의 천주와 유사하다 하더라도, 정약용의 상제는 수양론의 맥락에서 천주와 구별된다. 첫째, 상제는 생명을 부여한 태초에 천명, 곧 본성을 내려주었을 뿐만 아니라 일상생활에서 시시각각 계속 명령을 내린다. 다시 말해 정약용의 상제는 성리학의 하늘처럼 생명이 잉태될 때만 천명을 내리고 마는 것도 아니고, 천주교의 천주처럼 창조 이후에 모두 자유의지에 맡기고 사후에 심판하는 것도 아니다. 그리고 천주가 일회적인 사건으로 계시를 내리는 것과 달리, 정약용의 상제는 지극히 일상적인 문제로 부단히 윤리적 명령을 내린다. 이와 같이 지속적으로 윤리적 개입을 하는 상제의 체험은 그리스도교에서 사도 바울Paul이 하느님의 목소리를 듣고 회개하여 새로운 존재로 거듭나는 식의 계시 경험과는 다른 것이다.

둘째, 상제의 궁극적인 관심은 사람이 자신의 명령에 따라 인륜을 실천하는 데 있다. 정약용은 말한다. 하늘을 섬기는 학문은 인륜을 벗어나지 않는다고. 곧 상제는 자신을 절대적으로 믿으라거나 찬양하라고 말하지 않고, 일상생활에서 자기의 자리에 맞는 인륜을 실천하라고 요구한다. 사람과 사람 사이에서 적절한 관계의 도리가 되는 인륜을 제대로 실천하면 하늘의 명령에 순종하는 셈이 된다. 하늘의 명령 곧 본성에 복종하면 당연히 악이 아니라 선을 행하는 것이 된다. 따라서 하늘을 섬기는 방법

또한 인륜을 실천하는 데 있다. 이런 의미에서 타인을 섬기는 길은 바로 하늘을 섬기는 길이다. 곧 윤리와 종교가 하나로 연속되어 있다.

　인격의 하늘인 상제는 인륜을 실천하는 사람의 마음을 하나도 남김없이 굽어본다. 정약용은 하늘을 영명靈明하다고 본다. 영명이란 신령한 인식과 사유의 능력을 말한다. 이런 능력을 가진 하늘은 인간의 마음과 통한다. 인간의 마음 역시 영명한 지각과 사유의 능력을 갖고 있는데, 이것은 바로 하늘에서 연유한다. 따라서 동일한 역량을 공유하고 있는 상제와 인간의 마음은 상호 소통의 관계를 갖는다. 상제가 소통하면서 감시하는 대상은 바로 우리의 마음이다. 우리 마음 외부에 있는 사람이나 사물을 속일 수는 있지만 자신의 마음을 훤히 보고 있는 상제는 속이지 못한다.

　정약용은 인간의 위선적인 내면 풍경에 대해 심각하게 느낀 듯하다. 우리의 마음은 외부로 표현되지 않거나 혼자 있을 때만 표현된다면 남이 알 수 없는 미지의 대상이다. 그러므로 사회적인 관계에서 외적으로 아무리 그럴듯하게 행동한다 하더라도 그 내면의 풍경은 다를 수 있다. 정약용은 어두운 방에 혼자 있으면서 온갖 사특邪慝한 생각을 하다가도 다른 사람 앞에서는 번듯한 몸가짐으로 군자 행색을 하며 숭앙을 받는 사람이 가득하다고 비판한다. 이러한 위선적인 사람의 마음에는 법률의 강제나 통치자의 감시가 미칠 수 없다. 따라서 이러한 내면의 은밀한 공간에 하늘의 감시가 개입된다.

사람이 진정 하늘이 비추어 보고 있다는 사실을 안다면 비록 대담한 사람이라도 삼가고〔戒愼〕 두려워〔恐懼〕하지 않을 수 없다.

《중용자잠(中庸自箴)》

삼가고 두려워하는 자세는 수양의 자세다. 삼감〔戒愼〕이란 자기 본성과의 관계에서 선을 좋아할 줄 아는 본성의 역량이 온전히 실현되도록 삼가는 행위다. 하늘의 명령인 본성을 온전히 실현하지 못할까 조심스레 생각과 행위를 삼가는 공부가 필요하다. 이에 비해 두려움〔恐懼〕은 초월적인 타자로서 상제에 대해 느끼는 즉각적인 감정이자 동시에 극도의 긴장을 유지하는 의식적인 수양 방법이다. 마치 공동묘지를 지나면 자신도 모르게 두려워하듯이, 인격의 주재자인 상제가 지각 능력과 더불어 위엄을 가지고 우리를 굽어보기 때문에 그 존재감이 두려움을 불러일으킨다.

그런데 행위 주체의 위선을 막는다는 명분이 있더라도, 이러한 상제의 감시는 인간의 도덕적 자율성을 훼손할 가능성이 있다. 누군가 자신을 끊임없이 감시하고 있기 때문에 선을 행한다고 한다면, 그것은 선 자체가 옳아서가 아니라 자신을 감시하는 시선을 두려워하는 것이기 때문이다. 그리고 이처럼 외부의 시선 때문에 선을 행하는 경우 그것을 순수하게 도덕적인 행위라고 하기 어렵다. 반면에 만일 신의 감시가 단지 인간의 도덕적 행위를 이끌어내기 위한 윤리적인 요청이라 한다면, 상제를 향한 경건한 두려움은 공허한 말이 된다. 윤리적 요청이란 말에는 하늘의 실재성에 대한 믿음이 결여되어 있기 때문이다. 정약용은 하늘을 모르면 학문을 할 수 없다고 할 정도로 하늘의 존재에 대한 믿음을 중시했다.

그렇다면 우리는 하늘의 감시를 논하는 정약용의 맥락을 주의 깊게 살펴보아야 한다. 우선 정약용의 말은 자신의 실제 경험을 고백하는 내용이 아니다. 물론 상제에 대한 이런 이해에 그 자신의 실존적인 믿음과 경험이 전혀 관련이 없다고 단정할 수는 없다. 하지만 정약용의 언급을 문자 그대로 직접적이고 압도적인 하늘 경험의 고백이라고 보기는 더욱 어렵다. 하늘이 "나날이 이 마음을 굽어보시네〔日監在玆〕"라고 말하는 경우에도, 그것이 상제를 직접 체험하는 사태를 가리키는 것이 아니라 극도의 자기 경계와 의식적인 긴장의 의미를 갖는다. 따라서 존재론의 차원에서 상제가 만물의 창조주이자 주재자이지만, 정약용이 하늘의 감시를 말하는 맥락은 수양 주체가 행하는 자기 성찰의 일부로 봐야 한다.

인륜적 사유와 신독

하늘의 명령인 본성의 실현을 위한 삼감과 하늘의 감시에 대한 두려움 모두 그 자체로 의미가 끝나는 것은 아니다. 삼감과 두려움은 인륜의 실천이라는 목표를 위한 자기 경계의 수양 방법이다. 《중용》은 말한다.

기쁨·분노·슬픔·즐거움〔喜·怒·哀·樂〕이 아직 발동하지 않은 것〔未發〕을 '중심〔中〕'이라 한다. 발동하여 모두 절도에 들어맞는 것을 '조화〔和〕'라 한다. 중심은 천하의 위대한 근본이고, 조화란 천하의 보편적인 길이다. 중심과 조화를 다 이루면 하늘과 땅은 제자리를 잡고 만물은 길러진다.

《중용》은 인간이 하늘과 땅의 자리를 바로잡고 만물을 기를 수 있는 역량을 중심과 조화의 덕에서 찾고 있다. 이러한 중심과 조화의 과제 가운데 성리학은 특히 미발未發의 중심에 대하여 깊은 관심과 노력을 기울였다. 주희의 청년기 선생이던 이통李侗, 1093~1163 등은 미발의 기상氣象을 체인體認하는 것을 성현이 되는 중요한 방법으로 생각했다. 이때 미발은 단지 네 가지 감정에 한정되지 않고 외물外物의 도래나 의식적인 사유가 전혀 일어나지 않는 순수한 내면의 상태를 상징한다. 이러한 상태의 기상은 바로 본성이 온전히 간직되어 순수하기 때문에 중시된다. 순수한 잠재성의 상태인 미발의 기상을 체험하면 성현과 동일한 마음의 경지에 도달할 수 있다고 본 것이다. 그래서 이른바 미발의 상태에서 본성을 잘 기르는 미발 함양의 공부가 중시되었다.

정약용은 본질적인 순수성의 상태를 지향하는 성리학의 미발 함양 공부가 불교적이라고 비판한다. 마치 '맑은 거울과 고요한 물〔明鏡止水〕'처럼 현상적인 움직임이 발생하지 않는 순수한 상태를 추구하기 때문이다. 성리학의 본성은 마음의 본질로서 그 자체로는 순수하고 선하다. 그러므로 수양의 방식은 그러한 본성을 있는 그대로 발현하도록 조건을 만드는 데 있다. 그러한 조건을 만들기 위해서 불교의 좌선坐禪처럼 깊은 내면의 상태를 관조하는 것으로 나아가기 마련이다. 사실 성리학자들은 대개 불교적인 사유 방식이나 수양론을 비판하면서도 불교에 영향을 받았기 때문에 부득이 그러한 색채가 남아 있었다.

정약용에 따르면, 유교와 불교의 구별은 마음을 다스리는 방식의 차이에서 찾을 수 있다. 곧 불교는 마음을 순수하게 다스리는 방법 자체를 일로 여긴 데 비해, 유교는 일상에서 행하는 일을 통해 마음을 다스린다. 예를 들어 불교에선 벽을 향해 앉아서 스스로 마음의 본체를 검속檢束하여 한 터럭의 오염도 없게 하는 것을 추구한다. 하지만 유교에서는 일을 통해서 자신의 뜻이 진실한지 마음이 바른지를 검토한다. 따라서 외물과의 접촉도 없고 구체적인 일도 없으며 의식적인 반성이 발생하지 않는 순수한 내면은 인정되지 않는다.

정약용은 마음의 지각과 사려가 작동하지 않는 순수한 잠재성의 영역을 인정하지 않았다. 다시 말해 의식의 작용이 사라진 내면의 본질적인 자리를 부정한다. 만일 그러한 완전과 순수의 영역을 의식의 너머에 설정하게 되면, 일상생활에서 작동하는 의식적인 노력이나 의지가 부차적인 위상을 갖기 때문이다. 그래서 정약용은《중용》에서 말하는 미발을 순전히 네 가지 특정한 감정이 발동하지 않은 상태로 한정한다. 달리 말하면 이 네 감정을 제외한 나머지 마음의 현상적인 작용은 긍정된다. 이와 같이 마음의 지각과 사려가 작동하는 영역으로 미발을 설정함으로써,

그는 미발의 중심과 감정의 조화를 성취하는 공부를 적극 주장할 수 있었다.

> 기쁨·분노·슬픔·즐거움이라는 감정이 아직 발동하지 않은 것이지〔未發〕 마음의 지각과 사려思慮의 작용이 아직 발동하지 않은 상태는 아니다. …… 반드시 감정이 발동하지 않은 미발의 때에 마음을 지극히 공평하게 잡고 덕을 지극히 굳세게 잡아 중정中正한 본체를 잃지 않은 다음에야, 갑자기 즐거워할 만하고 노할 만하고 슬퍼할 만하고 즐거워할 만한 일을 만나더라도 그 대응하는 감정이 발동하면서 절도에 맞을 수 있게 된다. …… 오직 신독愼獨하는 군자만이 이런 덕을 지닐 수 있다.
>
> 《심경밀험(心經密驗)》

기쁨·분노·슬픔·즐거움은 일상생활에서 흔히 경험하는 감정의 양태다. 이러한 감정은 대개 어떤 상황이나 사태를 만났을 때 뜻하지 않게 발생하기 마련이다. 우리가 의식적으로 통제하기 어려운 감정의 사태를 불현듯 만났을 때 감정의 절도節度를 잃지 않기란 쉽지 않다. 그러므로 마음의 중심을 잡아 미래의 사태에 대비하는 공부가 필요하다. 그렇다면 마음의 중심은 어떻게 잡을 수 있을까?

우리의 마음은 외부의 사태와 관

신독

《대학》과 《중용》에 나오는 개념으로 '홀로 있음을 삼간다'는 뜻이다. 정약용은 이 신독을 혼자 있는 외면의 공간이 아니라 홀로 아는 내면의 공간에서 삼간다는 의미로 해석한다.

련하여 흔들리거나 어지러워지기 쉽다. 누군가 나를 사랑하면 사랑의 감정에 흔들리게 되고 나를 미워하면 미움의 감정에 흔들리곤 한다. 정약용은 외부 사물이나 타인과의 관계에서 마음의 중심을 잡으려면 사태 이전에 항상 윤리적인 반성과 사유를 해야 한다. 네 감정이 발동하지 않은 미발未發의 중심은 내성적 관조가 아니라 치열한 자기 성찰의 공부를 통해서만 확보할 수 있기 때문이다.

정약용은 미발의 중심을 성취하는 공부로 홀로 있음을 삼가는 신독을 제시한다. 신독은 자기 혼자만 아는 은밀한 마음의 공간에서 삼가는 공부다. 네 감정이 부재한 미발의 상태는 누구나 가질 수 있지만, 미발의 중심이란 공효는 신독의 군자만이 성취할 수 있다. 신독을 통해 미발의 중심을 확립하지 못하면 실제 사태에서 감정의 조화를 달성할 수 없다. 따라서, 정약용은 신독을 미발의 중심 뿐만 아니라 감정의 조화도 성취시키는 핵심적인 공부로 정립시켰다.

외부의 사물과 만나기 이전의 상태에서 이뤄지는 신독의 공부는 구체적으로 하늘을 마주하는 듯한 극도의 경건한 자기 성찰 속에서 이뤄진다. 정약용은 성인에 대해 이렇게 말한다.

> 미발의 때에 삼가고 두려워하면서 윤리적 관계의 이치를 궁구한다. 심지어 종일토록 먹지도 않고 밤새도록 잠자지 않으면서 사려한다.

정약용의 신독은 인격의 하늘에 대한 믿음에 기초한다. 곧 하늘에 대한 실존적 의식 속에서 삼가고 두려워하며 윤리적 관계의 이치를 궁구하는 것이 미발의 공부다. 이러한 삼감과 두려움의 수양에 따라 이뤄지는 윤리적 사유의 결과가 바로 '중심'의 성취다. 치우치지 않은 본성 자체의 순수한 모습을 '중심'이라고 보는 성리학과 달리, 정약용이 말하는 '중심'은 의식적인 노력과 공부의 결과로 얻어지는 실천적 결실이었던 것이다.

내면의 싸움과 윤리적 주체의 성립

중심과 조화를 이루어서 일상의 모든 사태에 적절하게 대응할 수 있는 존재는 사실 성인밖에 없다. 우리 대부분은 마음의 갈등과 분열 속에서 무언가를 선택하도록 고민하지 않을 수 없기 때문이다. 물론 인류의 지혜로 파악한 진리의 길은 어느 사회와 문화에서도 전승되고 있다. 예를 들어 세계 종교의 여러 경전을 보면, "거짓말하지 말라"는 계율이 거의 대부분 들어 있다. 이것은 어떤 조건에 따라 하거나 말거나 하는 명령이 아니라는 점에서 이마누엘 칸트Immauel Kant, 1724~1804가 말하는 정언명령定言命令, categorical imperative에 해당한다. 거짓말하면서 살라고 하는 사람은 별로 없을 것이다. 하지만 '선의의 거짓말'이란 그럴듯한 말이 있듯이, 일상의 삶에서 거짓말을 전혀 하지 않고 살기는 쉽지 않다. 이와 같이 우리가 가야 할 삶의 길이 주어져 있다 하더라도 다른 생각

없이 그 길을 가기는 어렵다.

우리가 실제 삶에서 겪을 수밖에 없는 내면의 갈등 문제를 유교 전통에서는 인심人心과 도심道心으로 풀어낸다. 이 용어들은 《서경》〈대우모大禹謨〉에 나오는 "인심은 위태롭고 도심은 희미하다[人心惟危, 道心惟微]"라는 명제 속에 등장한다. 정약용은 이 구절이 문헌학상 위작僞作이지만 인간의 보편적인 실존의 정황을 마음의 차원에서 가장 잘 표현하고 있어 "심학心學의 종지"라고 평가한다. 이런 입장에서 정약용은 주희가 《중용장구中庸章句》의 서문에서 인심도심론人心道心論을 전개하여 유교의 "중흥지조中興之祖"가 되었으며, 주희의 그 서문은 비문碑文에 새겨서 영원한 가르침으로 삼아야 한다고 주장한다. 이러한 사실에서 우리는 정약용이 비록 성리학의 사변적인 형이상학과 내성적인 함양 공부는 비판했지만 주희의 인심도심론에 담긴 문제의식은 비판적으로 계승했다는 점을 알 수 있다.

정약용이 그토록 중시한 인심과 도심은 무엇을 뜻할까? 그에게 사람이란 몸과 마음이 오묘하게 결합해 혼연히 하나가 된 존재다. 따라서 도심은 도의道義를 지향하는 현상적인 마음이고 인심은 육체적인 욕구와 연관되어 발동한 마음이다. 예를 들어 목이 마를 때 물을 마시려고 하는 마음은 인심이고, 의로운 일을 행하려고 하는 마음이 도심이다. 마음의 분열과 갈등은 이처럼 상이한 욕구의 마음 사이에서 발생하는 보편적인 실존의 양상이다. 일찍이 맹자는 이러한 대립을 영명한 사유 능력을 가진 대체大體와 맹목적인 육체인 소체小體의 관계로 설명한 적이 있다. 인심과 도심은 모두 우리 자신의 일부로서 우리가 죽을 때까지 한쪽을 완전히 없앨 수는 없다.

도심과 인심 사이에 벌어지는 내면의 대립과 전투 사이에서 우리는 무엇을 선택해야 하는가? 당연히 정약용은 전자의 편에 설 것을 주문한다. 그는 도심과 하늘의 명령〔天命〕을 별개의 것으로 봐서는 안 된다고 말한다. 도심이란 바로 하늘의 명령, 곧 본성이 현실화된 마음이기 때문이다. 이런 맥락에서 도심의 존재론적인 근거는 본성이 된다. 본성은 선을 좋아하고 악을 미워하는 욕구이므로, 그것의 발현인 도심은 항상 선을 하고자 하고 또 선을 선택할 수 있다. 물론 도심의 선택은 의식상에서 이것저것 비교하면서 선택한다는 의미는 아니다. 그것은 거의 맹목적으로 선을 지향하는 직접적인 선택이다. 이처럼 도심이 선을 절대적으로 지향하게 되는 까닭은 그것이 하늘의 명령과 동일하기 때문이다.

그런데 하늘의 명령과 동일한 도심을 우리는 어떤 방식으로 경험하는 것일까? 정약용은 하늘의 명령이 실제 우리의 마음을 통해 도덕적인 경계의 명령으로 전해진다고 본다. 가령 옳지 않은 음식이 앞에 있을 때 입과 배는 그것을 먹고 싶은 욕구가 넘쳐나겠지만 마음에서 "먹지 마라! 이것은 불의不義한 음식이다" 하면, 나는 그 경고를 따라 음식을 물리치고 먹지 않을 수 있다. 여기서 "먹지 마라!" 하고 경계를 내리는 마음이 바로 도심이다. 그리고 이러한 도심은 다름이 아니라 바로 상제의 명령이다. 정약용은 우리 내면에 있는 양심의 소리를 하늘의 목소리와 동일시한다. 그러므로 하늘의 명령을 듣고서 자신의 육체적인 욕구를 극복하여 음식을 물리친 일은 자신의 본성을 따르는 윤리적 행위가 된다.

정약용의 하늘은 천지만물을 생성하고 나서 우리의 삶과 동떨어져 하늘 멀리 '사라진 신'〔deus otiosus〕이 아니다. 그의 하늘은 일상생활에서 발생하기 마련인 마음의 갈등 상황에 도심의 형태로 참여하기 때문이다. 물론 이러한 도심도 나의 마음이니까 나의 일부라고 할 수 있다. 하지만 그 근원은 하늘에 있는 것이기 때문에 나에게 종속되거나 한정되지는 않는다. 도심은 하늘과 내가 상호 소통할 수 있는 매개의 역할을 한다. 하늘은 도심을 통해 자신의 명령을 전달하고 나는 도심을 통해 하늘의 뜻을 받든다. 이처럼 도심이 하늘과 나의 매개로 기능하기 때문에 내가 하늘을 섬기는 길은 도심의 욕구를 실현하는 데 있다.

> 사람은 상반되는 두 의지가 동시에 일어나는 것을 늘 경험하는 존재다. 이 지점이 바로 …… 선과 악이 나뉘는 기미機微로서 인심과 도심이 교전交戰을 하고 의로움이 이길지 육체적인 욕구가 이길지 판결이 나는 때다.
>
> 《맹자요의(孟子要義)》

사람은 죽기 전까지 내면의 싸움터에서 전쟁을 하기 마련이다. 그런데 인심과 도심의 교전은 둘 중에 하나가 이기면 나머지가 지는 전쟁이다. 정약용은 이 싸움터에서 맹렬히 성찰하여 도

심과 인심을 명확히 분별하고 도심을 기준으로 인심을 힘써 극복하라고 충고한다.

그런데 이러한 성찰과 극복의 과정에는 그가 고유하게 설정하고 있는 존재의 구조가 전제되어 있다. 우선 하늘의 명령으로서 선을 즐거워하고 악을 부끄러워하는[樂善恥惡] 본성이 있으며, 다음으로 선을 할 수도 있고 악을 할 수도 있는[可善可惡] 유동적인 선택의 권형權衡이 있으며, 마지막으로 선을 하기는 어렵고 악을 하기는 쉬운[難善易惡] 육체의 행사行事가 있다.

선을 즐거워하고 악을 부끄러워하는 본성은 사람이 육체적 개체성에 매몰되지 않고 자기 초월을 할 수 있는 근거다. 만일 이런 본성이 없다면 사람은 단지 개나 돼지와 같은 동물과 동일한 존재의 지평에 있을 뿐이다. 다시 말해 사람은 하늘에 연원을 둔 본성을 지니고 있기 때문에 선을 실천할 수 있고 그를 통해 자신의 존재를 비약시킬 수 있다. 이런 의미에서 정약용은 본성을 마치 하늘처럼 떠받들어야 한다고 말한다. 사람이 사람으로서 윤리적 가치를 갖고 윤리적 행위를 하는 근거인 본성이야말로 마음에 있는 하늘의 명령이기 때문이다. 따라서 우리는 이런 본성이 발현된 도심 역시 높이 받들고 도심에 절대적으로 복종해야한다.

하지만 실존적인 삶의 자리에서 본성과 도심이 그대로 실현되기는 쉽지 않다. 우리의 삶을 지배하는 직접적인 규정력은 육체의 욕구와 이것에 기원하는 인심이기 때문이다. 비록 마음 차원에서 도심이 인심을 주재하더라도, 일상생활의 행사에서 선을 실천하는 것은 높은 곳을 오르는 일처럼 어려운 법이다. 이에 비해 행사에선 악을 저지르기가 쉽다. 사람은 본능적이고 이기적인 욕구로 악에 빠지는 경향이 있기 때문이다.

악을 부끄러워하는 본성과 악을 저지르기 쉬운 육체의 행사 사이에 악을 저질를 수도 선을 할 수도 있는 권형이 있다. 권형은 문자의 뜻 그대로 마음의 저울이다. 저울이란 본래 물건의 무게를 재기 위해 저울질하는 도구다. 따라서 마음의 권형 역시 본성과 육체의 틈바구니에서 이리저리 재어보며 선택할 수 있다. 마음에는 이런 선택의 기능이 있기 때문에 우리는 스스로 선을 할 수도 악을 저지를 수도 있다. 순수하게 선한 도심과 악으로 빠지기 쉬운 인심 사이에서 무엇을 선택할지는 나의 자유다. 불의한 음식을 먹지 말라는 도심도 '나'이고, 배고프니까 먹으라는 인심도 '나'이며, 그 둘 사이에서 하나를 선택하는 권형도 '나'이다. 그러므로 우리가 스스로 내린 선택에 따라 발생하는 선과 악의 결과에 대해서는 윤리적인 책임을 져야 한다.

만일 우리에게 자신의 행위를 스스로 선택할 수 있는 역량이 없다고 가정해보자. 우리가 필연적으로 선을 하도록 만들어졌다면, 우리가 일상에서 행하는 선행으로 칭찬받을 이유가 없다. 반대로 우리가 필연적으로 악을 저지르게 되어 있다면, 우리가 저지르는 악행 때문에 비난받을 이유가 없다. 두 경우 모두 우리의 윤리적인 가치와 책임을 설명해주지 못한다. 우리는 어쩔 수 없이 정해진 행동을 하는 동물과 달리, 선을 할 수도 악을 저지를 수도 있는 자유의지를 갖고 있기 때문에 자신의 선택과 결단에 대해 윤리적인 책임을 진다. 인간의 존재론적인 고유성은 선을 좋아하는 본성에 있겠지만, 윤리적 가치와 책임의 측면에서 인간이 갖는 고유성은 선과 악을 스스로 선택할 수 있는 권형에 있다.

도심과 인심이 투쟁할 때 도심과 인심을 분별하고 그 가운데 하나를 스스로 선택해서 육체의 행사로 옮기는 과정 속에서 윤리적인 주체가 성립한다. 곧 선도 악도 할 수 있는 권형의 자리에서 반성적인 성찰을 통해 도심이 주재主宰하도록 하면서 인심을 통제하고 그것을 몸소 실천할 때, 비로소 우리는 윤리적인 주체가 된다. 정약용은 도심에 의한 인심의 극복을 바로 공자가 "자기를 극복하여 예절로 돌아간다〔克己復禮〕"고 말한 의미라고 풀이한다. 여기서 극복의 대상인 '자기'는 인심이요, 돌아가게 된 '예절'은 도심의 실천이며, 극복하는 주체는 바로 권형의 자리에서 성립한 윤리적 주체로서의 나이다. 이 제3의 '나'는 권형의 자리에서 주체적으로 도심을 선택함으로써 윤리적 실천 주체이자 책임의 주체로 정립될 수 있다.

교제를 잘해라

유교 전통에서 최고의 덕목은 공자가 '극기복례'의 의미로 강조하던 인仁이었다. 공자 당시만 해도 인은 구체적인 상황에서 사람이 사람답게 되는 실천의 덕목이었다. 그러다가 성리학에 이르면 인은 우주적인 생명력, 마음의 전체적인 역량, 사랑의 이치 등의 의미로 새롭게 정의된다. 가령 우주적인 생명력으로서 인은 봄에 개나리가 피고 여름에 나무가 무성해지며 가을에 낙엽이 지고 겨울에 눈이 내리는 데 이르기까지 모든 자연현상 속에 작용한다고 상상되었다. 특히 사랑의 이치〔愛之理〕라는 정의에 따르면, 우리가 불쌍한 사람을 보고 측은해하는 마음은 바로 사랑의 이치로서 인이 특정한 사태를 통해 발현된 감정이 된다. 이런 맥락에서는 만일 사랑의 이치라는 인의 본질이 없다면 측은해하는 마음이라는 작용은 있을 수 없다.

인이 마음의 본질, 곧 본성이 되는 성리학에서 측은해하는 마음은 본성인 인이 밖으로 드러나는 단서端緒가 된다. 단서란 실마리다. 겉으로 나온 실마리는 저 마음속에 인이라는 본질이 있음을 알게 해주기 때문이다. 이런 구도에서 맹자가 말한 사단四端 곧 측은해하는 마음〔惻隱之心〕, 부끄러워하며 미워하는 마음〔羞惡之心〕, 남에게 사양하려는 마음〔辭讓之心〕, 옳고 그름을 가리는 마음〔是非之心〕은 각각 인·의·예·지(仁·義·禮·智)라는 본성이 드러난 단서가 된다. 다시 말해 성리학은 사단이라는 선한 마음의 형이상학적 본질로 인·의·예·지를 제시했다. 여기서 인은 마치 봄기운이 사계절에 스며 있듯이 개별적이면서 동시에 포괄적인 본질이 된다.

하지만 정약용은 인·의·예·지가 모두 행사行事로 이름을 얻은 것이지 '마음 속에 있는 이치'는 아니라

인은 사랑의 이치

주희가 《맹자》의 주석을 달면서 인을 풀이할 때 쓴 표현. 주희는 "인은 마음의 덕[心之德]이며 사랑의 이치[愛之理]"라고 했다. 《맹자집주(孟子集注)》〈양혜왕(梁惠王)·上〉에 실려 있다.

고 본다. 여기서 행사란 말 그대로 실천을 말한다. 이런 의미에서 다산은 인·의·예·지를 본성이 아니라 '사덕四德'이라고 표현한다. 사덕은 마음속에 선험적인 이치로서 내재하고 있는 것이 아니라, 우리가 실천을 한 뒤에 사후적으로 이름을 붙인 덕목이라는 뜻이다. 이런 의미에서 정약용은 "마음에는 본래 덕이 없다〔心本無德〕"고 선언한다. 성리학에서는 내면의 본성도 인·의·예·지라 말하고 그것의 실천 역시 인·의·예·지라 부른다. 여기서 전자가 후자의 본질이며 후자는 전자가 드러난 실천적 양태에 불과하다. 이러한 경우에 실천은 부수적인 위상을 차지하고 그것의 실천 주체 역시 본질이 실현되는 매개자에 불과하다.

정약용은 사덕이 실천 이후에 성립되는 명칭이라는 점을 어린애가 우물에 빠지려는 모습을 보고 생기는 측은한 마음으로 설명한다. 누구라도 어린애가 우물에 빠지려는 사태에 직면하면 자동으로 측은해하는 마음이 생긴다. 하지만 측은해하는 마음의 발동에는 자신의 노력이나 의지가 전혀 들어 있지 않다. 그러한 마음이 발동한다고 해서 그 마음의 주인이 윤리적이라고 할 수는 없다. 그러므로 직접 달려가 구해주는 실천, 곧 행사가 있은 다음에 그 사람에게 '인'이란 덕목을 허용할 수 있다. 성리학이 마음에서 본질로 회귀하는 방향이라면, 정약용은 마음에서 실천으로 나아가는 방향을 제시한 셈이다.

정약용에게 인은 세세한 덕목을 모두 포괄하는 전체적인 덕이다. 그런데 인이 가지는 포괄성은 바로 사람과 사람의 관계가 지니는 보편성에 기초한다. 사람은 태어나면서부터 죽을 때까지 수많은 사람을 만나게 된다. 우리는 태어나면서부터 부모를 만나고 자라면서 친구와 연인을 만나며 결혼해서 자식을 만나고 살다가 죽는다. 이러한 만남의 관계에서 자신의 본분을 실천하는 것이 인이 된다. 다시 말해 인은 사람과 사람 사이의 인격적인 관계에서만 발생한다.

> 사람이 이 세상에 살 때 선과 악은 모두 사람과 사람이 서로 만나는 관계에서 일어난다. 사람과 사람이 서로 만나는 관계에서 자신의 본분을 다하는 것을 '인仁'이라 한다. 인은 두 사람이다.
>
> 《대학공의(大學公議)》

인仁이란 한자를 나눠보면, 사람〔人〕과 둘〔二〕의 결합이다. 그래서 정약용은 인이 '두 사람'이라고 말한다. 아버지와 맺는 관계로 말하면 나와 아버지가 두 사람이며, 친구와의 관계로 말하면 나와 친구가 두 사람이 된다. '나도 한 사람, 그이도 한 사람〔我一人, 彼一人〕'이라는 보편적인 관계의 통찰은 정약용의 인간 이해의 주춧돌이다. 이처럼 두 사람 사이에서 자신의 본분을 실천하는 인은 모든 개별적인 덕목을 포괄할 수 있다. 예를 들어 아버지에게 효도를 하면, 그것은 효도라는 개별적인 덕목이면서 동시에 부자관계에서 자식의 본분을 다한 인이 된다. 이러한 방식으로 확장하면 사람과 사람 사이의 모든 덕이 인으로 수렴될 수 있다.

정약용은 유교의 도道가 결국 사람과 사람이 만드는 교제에서 선을 행하는 것〔善於其際〕이라고 결론을 맺는다. 교제에서 선을 행한다는 것은 교제를 잘하는 것이며, 교제를 잘하는 것이 교제에서 선을 행하는 것이다. 효도·공경·우애·자애·충성·신의·화목 등은 개별적인 관계에서 실천하는 덕목이다. 인은 이러한 덕목들을 모두 포괄한다. 모든 행동과 언어에 형벌과 금지를 두도록 만든 예법禮法, 《시경》과 《서경》 등의 유교 경전에 들어 있는 수많은 말들, 구체적인 상황에 따라 정해진 수많은 예절 등은 모두 교제에서 선을 행하려는 목적으로 수렴된다. 정약용은 이와 같이 두 사람 사이의 교제에 기초해서 유교 문화를 새롭게 규정했다.

그런데 정약용에게 모든 인륜적 관계를 포괄하는 인은 사실 그 자체가 수양이나 공부가 아니다. 그것은 주체의 실천 이후에 성립하는 사후적인 명칭에 불과하며, 이런 의미에서 보면 인이란 실천이 지향하는 이념적인 결과라고 할 수 있다. 이런 인을 이루는 실제적인 방법으로 정약용은 서恕를 제시한다.

하늘이 사람의 선과 악을 살피는 것은 역시 오직 두 사람 사이의 교제다. …… 이 하나의 '서恕'로써 사람을 섬길 수 있고 하늘을 섬길 수 있다.

《논어고금주(論語古今註)》

서의 한자는 '같을 여如'와 '마음 심心'으로 이루어져 있다. 정약용의 서는 타인의 허물을 관대하게 봐주는 용서寬恕가 아니라, 남에게 받기 원하지 않는 바를 미루어서 자신이 남에게 그런 행위를 저지르지 않는 추서推恕이다. 적극적인 표현으로 바꾸면, 자신이 받고 싶은 대접을 남에게 베푸는 것이다. 결국 서란 입장을 바꾸어서 남을 배려하고 존중하면서 생각하고 실천하는 자기 성찰이라 할 수 있다.

정약용의 하늘은 오직 두 사람의 교제에서 선과 악을 살핀다. 따라서 두 사람의 교제에서 선을 실천하는 일은 사람을 섬기면서 동시에 하늘을 섬기는 길이 된다. 이처럼 정약용은 인륜적 실천과 종교적 경외를 연관지음으로써 사람뿐만 아니라 하늘을 섬기는 방법으로 서를 정립시켰다. 가령 인심과 도심의 내면적 전투상황에서 서는 하늘의 명령인 도심이 이기게 하여 교제에 적합한 선을 실천하도록 만든다. 이러한 실천 과정에는 당연히 권형의 자리에서 이뤄지는 치열한 자기 반성과 의지의 선택이 포함된다. 이런 의미에서 정약용의 서는 하늘을 의식하여 거짓됨이 없는 진실한 마음〔實心〕으로 자기 성찰과 인륜을 실천함으로써 하늘을 섬기는 길이다.

최한기,
통합의 학문을 지향하다

방술이나 잡학은 안 돼

현대 사회에 아직도 살아남아 활용되는 대표적인 전통 용어가 바로 기氣일 것이다. 기는 유동하는 에너지의 작용과 같아서 항상 움직이고 변화한다. 이러한 기는 마음과 연관되는 심기心氣, 대지의 보이지 않는 기운인 공기空氣, 사람의 감정 상태를 말하는 기분氣分 등 다양한 표현으로 여전히 활용되고 있다. 비록 눈으로 보거나 귀로 듣기는 어렵지만 누구나 유동하는 에너지를 경험할 수 있다. 이런 기의 보편성과 유동성에 주목하여 자신의 일관된 사유체계를 구성한 사상가가 바로 혜강 최한기였다.

그런데 정약용이 술수학을 비판했듯이 최한기 역시 방술학方術學의 폐해를 제기한다. 아무래도 참위, 풍수, 사주 등의 방술은 일반 민중들에게 손쉽게 파고들어 크나큰 영향력을 행사하기 때문이다. 조선시대에 겉으로는 번듯한 지식인 행세를 하면서도 실제로는 이러한 방술에 의존해서 개인이나 국가의 운명을 예단하는 경우가 많았다. 태어나면서부터 언제 태어났느냐에 따라 사주팔자가 정해지고, 배우자를 선택할 때도 궁합을 보면서 잘 살 수 있는지 결정하기도 한다. 방술은 기본적으로 미래의 운명을 요행으로 알아내 화를 피하고 복을 구하려는 기복적인 욕구에 기초해서 유행한다.

최한기는 조선 사회에 방술의 학문이 너무 번성하고 있는 현실을 비판한다. 그 당시 지식인들 역시 외면적으로는 방술을 무시하고 배척하는 듯해도 대개는 방술에 물들어 있었다고 한다. 사실 조선의 수도가 한양으로 결정된 것도 이른바 풍수설에 따른 것이었다. 당시에도 고려 때부터 수도였던 개경開京을 대신할 수도로 계룡산이 검토되다가 한양으로 변경될 때 풍수와 관련하여 논란이 많았다. 조선시대 과거제도에서도 잡과雜科를 통해 일종의 풍수 전문가를 국가에서 선발해 각종 정책에 활용했다. 예를 들어 왕릉王陵의 위치를 선정하는 등의 문제는 당연히 풍수를 고려했다.

> 방술의 학문이 극성한 나라에서는 보고 듣는 것이 방술 아닌 게 없다. …… 이는 조정에서 방술로 사람을 쓰고 방술 정치로

백성을 이끌었기 때문이다.

《인정(人政)》

정상적으로 미래의 일이 예측되지 않는 사회일수록, 국가의 혼란이 심해 민중이 마음 붙일 곳이 적을수록 민중들은 손쉽게 방술에 의존하기 마련이다. 그래서 사람들은 흔히 조상의 무덤을 잘못 정해서 후손이 재앙을 겪는다거나, 사람에게 해를 끼치는 기운인 살煞 때문에 나쁜 운수를 맞이한다고 생각한다. 한국 사회에서는 대통령에 출마하는 정치인이 조상의 무덤을 옮겼다는 소식이 종종 들린다. 이 역시 조상의 은덕으로 대통령이 되겠다는 은근한 희망을 반영한다. 또 사당패처럼 정처 없이 떠돌아다니기 좋아하는 사람한테는 역마살驛馬煞이, 자유분방한 성생활을 하는 사람에게는 도화살桃花煞이 끼었다고 말한다.

최한기는 이러한 방술이 생사·질병·부귀·빈천 등의 문제에서 좋아하는 것을 좇거나 두려워하는 것을 피하고자 하는 욕구에 근거한다고 본다. 여기서 좋아하고 싫어하는 기준은 당연히 이기적인 욕심이다. 부자가 되거나 장수하고 싶지 않은 사람은 많지 않다. 누구나 현세에서 부귀와 장수를 누리면서 한평생 잘 살고 싶어한다. 풍수나 사주와 같은 방술은 정해진 운명의 길을 전제하고, 운명의 길흉을 미리 점쳐서 처신하게 만든다. 이러한 방술의 처신술에는 인격적인 성숙이 아니라 이기적인 주술의 논리가 작동한다.

풍수나 사주팔자가 인간의 운명이 변화할 가능성을 완전히 배제하지는 않는다고 볼 수도 있다. 미리 어떤 운명을 타고 태어났다고 하더라도 그것을 미리 알고 대처하면 그 운명에서 벗어날 수 있기 때문이다. 그런 의미에서 완전한 의미의 운명결정론은 아니다. 또한 풍수에서는 공간적 조건과 인간이 기氣를 서로 주고받는 상호 작용의 관계를 형성한다고 본다. 예를 들어 습기가 많은 곳에서 잠을 자면 몸이 무겁게 변하는데, 이것은 공간의 기운이 우리의 몸에 들어와서 영향을 준 사례다. 이처럼 풍수에도 나름대로 고유한 세계관이 전제되어 있지만, 결국 길흉이라는 삶의 문제를 공간적인 조건이나 선천적인 운명에 돌린다는 점에서 주술적인 성격을 띤다. 그렇기 때문에 사람은 근원적으로 길흉의 원인이나 주체가 되지 못한다.

최한기는 복을 추구하고 화를 피하려는 방술이 어리석다고 평가한다. 왜냐하면 화복과 길흉은 방술처럼 자기 외부의 조건에 의해 결정되는 것이 아니기 때문이다. 그가 보기에 화복과 길흉은 사람의 말과 행동에서 나온다. 곧 길흉은 자신의 삶에서 행하는 말과 행위가 스스로 초래한 결과이지, 선천적으로 길흉의 운명이 정해져 있는 것은 아니다. 살다 보면 세상일과 잘 통하지 못하고 막히는 경우가 있을 수 있다. 하지만 실상이 없는 길흉의 논리에 따르면, 내 이기적인 마음으로 억지로 통하고자 하게 된다. 이렇게 억지로 통하려 하기 때문에 어리석은 술수가 번성하게 되는 것이다.

최한기가 그리는 세계는 기로 충만해 있다. 비록 개체의 현상적인 모습은 다르게 보여도 다 기로 이루어져 있다. 더구나 눈에 보이지도, 귀로 들을 수도 없는 미세한 세계조차 기로 구성되어 있다. 이러한 기의 운동과 변화를 최한기는 '기화氣化' 또는 '운화運化'라고 불렀다. 사람이 태어나기 전에도 천지에 기가 가득 차 있고, 사람이 태어날 때는 그 기가 모여서 이루는 형체의 기가 있으며, 죽고 나면 다시 천지의 기로 돌아간다. 이처럼 끊임없이 운동하고 변화하는 기에 대해 알려고 노력하는 사람의 정신 작용이 '추측推測'이다. 최한기에 따르면, 방술은 바로 이 추측이 잘못되어 기와 통하지 못하면서 발생한다.

> 천지의 본래 형질과 서로 미루면서 바꾸어가는 운화運化는 실로 예나 지금이나 다름이 없지만, 사람이 서로 전해가며 추측하고 경험하는 내용은 옛날과 지금이 다르고 허虛와 실實이 구분된다. 그래서 심지어 재앙과 상서로움을 따지는 천문, 화禍와 복福을 따지는 지리地理까지 생겨 사람의 마음을 혼탁하게 하고 세상의 풍속을 어지럽힌다.
>
> 《인정(人政)》

최한기에게 추측의 허와 실은 바로 추측으로 파악하려 한 기와 추측이 일치하느냐에 달려 있다. 추측이 기의 운동과 변화와 일치하면 그 추측은 실하다. 이에 비하여 양자 사이에 괴리가 있다면 추측은 허하다. 이처럼 세계의 실상에 대한 추측을 제대로 하지 못하면 방술로 이어진다. 가령 최한기는 사람의 장수와 단명이 타고난 기에 의해 정해진다고 본다. 이러한 관점에서 보면, 신선神仙이 되어 장생불사하려는 단학丹學은 타고난 기가 자기 근원인 천지의 기에 어긋날 수 없다는 한계를 모르는 것이다. 그는 또한 오행의 상생相生·상극相剋의 관계를 오장육부〔臟腑〕와 약재藥材에 적용하고 십간+干과 십이지+二支의 순환으로 장수의 여부를 결정하는 한의학도 건강부회牽强附會하는 것이라고 비판한다. 최한기는 결국 천지의 기가 운동하고 변화하는 실상을 제대로 추측하지 못하는 무지에서 방술이 발생한다고 비판한 것이다.

외도, 길 아닌 길

외도外道란 길 밖의 길이다. 최한기에 따르면, 기의 운동과 변화의 길이 바로 제대로 된 길이고 사람이 알아서 가야 할 길이다. 그런데 이러한 길을 벗어나서 길 아닌 곳을 길로 여기고 가는 것이 외도다. 외도란 이단異端이란 용어와 호응한다. 공자 이래로 유교의 진리를 벗어나는 외부의 사유는 이단으로 비판받았다. 가령 중국에서 맹자 시대에는 묵자의 겸애설이나 양주의 위아설이, 그 뒤로는 인도에서 유입된 불교가, 나중에는 서양에서 들어온 그리스도교가 이단에 포함된다. 넓게 보면 방술 또한 외도라고 할 수 있다. 하지만 최한기가 말하는 외도나 이단은 한마디로 '다른 종교'를 의미한다.

정교분리政敎分離의 원칙에 따라 다양한 종교가 공존하고 있는 현대 사회에서 종교는 개인의 자유로운 선택 영역이다. 물론 이슬람 세계처럼 종교가 국가를 지배하는 정교일치政敎一致의 사회도 있고, 중국처럼 공산당이라는 국가 권력기관이 종교를 사실상 통제하는 경우도 있다. 하지만 대개의 현대 국가에서 종교의 선택은 자유이며, 그 종교의 진리성은 함부로 부정되지 않는다. 종교의 신자에게는 자신의 종교가 절대적인 진리이기 때문이다. 따라서 일부 근본주의 신앙인을 제외하고는 공적인 장에서 남의 종교에 대해 이단이니 외도니 하는 비판을 하지 않는다. 자신의 종교를 존중하듯이 남의 종교 역시 존중해야 하기 때문이다.

그런데 최한기가 비판하는 외도로서의 종교는 사실 학문 비판의 맥락에서 이뤄지는 것이다. 지금은 학문하면 대학교에서 제도적으로 분리된 학문 분과를 연상한다. 가령, 물리학 · 경제학 · 철학 · 종교학 등은 모두 자신의 고유한 학문 대상과 방법론이 있는 근대적 학문들이다. 근대 학문의 시각에서 보면, 당연히 개별 종교는 학문일 수 없다. 개별 종교에 대한 과학적인 탐구는 학문의 영역이지 종교는 아니다. 하지만 최한기가 말하는 학문에는 근대적인 학문 분야를 넘어서 종교의 영역이 포함되어 있다. 그는 '학문學問'을 말 그대로 배우고 묻는 모든 사유 형태로 파악한다.

최한기는 이러한 학문관에 따라 고금의 학문에 차이를 둔다. 가령 상고上古시대에는 집안을 가지런히 하고 나라를 다스리는 유교가, 중고中古시대에는 문장학이나 선불교禪佛敎가, 근고近古시대에는 이학理學이 있었다고 한다. 여기서도 선불교와 같은 종교의 영역이 문장학과 마찬가지로 학문의 이름으로 사용되고 있음을 알 수 있다.

앞에서 정약용의 학문관을 다룰 때도 언급했지만, 조선 후기 사회에서 서양의 천주교는 서학으로 불리기도 했다. 이처럼 조선 시대에는 넓은 의미의 학문들이 존재하고 있었으며, 배움은 가르침과 표리表裏이기 때문에 학學과 교敎는 동전의 양면과 같았다.

> 도교와 불교는 허무虛無를 숭상하고 그리스도교〔洋敎〕와 이슬람교〔回敎〕는 인격신〔神天〕을 섬긴다. …… 허무를 숭상하면 허무만을 천착해 성실誠實을 구하지 않으며, 인격신을 섬기면 만사를 인격신의 공으로 돌리고 예배를 경건하고 정성스럽게 드린다. 그래서 죄를 없애고 복을 얻으려 하니, 인격신을 버리고 다시 성실을 구하지는 않는다.
>
> 《인정(人政)》

최한기는 도교에 대하여 "무위無爲로써 종지를 삼는다"고 한 적이 있다. 무위란 인위적인 행위가 없다는 뜻으로, 노자의《도덕경》에서는 "사적인 지식이나 욕망을 비우라〔虛其心〕"고 가르치면서 "인위적인 행위가 없음에도 하지 못하는 것이 없는〔無爲而無不爲〕" 길을 제시한다. 또한 만물의 본체와 관련해서, 천지의 시작은 무無이며 천지 만물의 근원인 유有는 무에서 생긴다고 한다. 그래서 중국의 역사책《사기史記》의 저자인 사마천司馬遷, BC 145?~86? 은 도가道家가 허虛와 무를 근본으로 삼는다고 평가했다. 이후 허무는 도교적 사유를 상징하는 핵심적인 개념으로 사용되었다.

최한기는 선불교의 학문이 '무물無物'을 종지로 삼는다고 본다. 무물이란 만물의 보편적인 본질이나 사물이 존재하지 않는다는 뜻이다. 이것은 불교에서 말하는 공空을 두고 한 말이다. 공은 본래 독립적으로 존재하는 형이상학적인 실체로서의 자아가 없다〔無我〕는 의미다. 사실 종교사의 관점에서 보면, 인도의 불교는 중국에 들어올 때 도교적인 개념으로 번역하는 과정을 거쳤다. 가령 불교의 공은 초기에 노자의 무로 번역되어 이해되었다. 우리가 흔히 "인생이 허무하다"고 할 때, 이 말은 본래 도교적인 개념이던 허무가 "모든 존재는 시간의 흐름 속에서 덧없다〔無常〕고 한 불교의 의미를 담고 있는 셈이다.

도교와 불교의 허무는 공허空虛와 동일한 의미다. 최한기는 공허와 허무 모두 우주 안에 충만해 있는 기의 실재성과 근원성을 모르는 데서 나온다고 본다. 곧 세계는 기라고 하는 보편적인 요소에 의해 형성되어 있기 때문에 허무가 아니라 실유實有다. 그는 마음과 세계가 겉보기에 허무인 것처럼 보여도 실제로는 기가 충만해 있는 실유라는 입장을 취한다. 가령 마음이 영명한 작용을 하는 것을 허라고 하거나 몸이 죽은 다음에 돌아갈 곳을 무라고 하는 것은 기를 모르는 것이다. 사람의 마음이나 죽은 뒤에 돌아가는 곳이나 모두 천지의 기로 이루어져 있기 때문이다.

최한기에게 기란 세계의 모든 존재를 구성하는 궁극적인 원인이다. 현상적인 세계의 실재성과 변화 가능성은 기라고 하는 실제적인 작용력을 통해 긍정된다. 만일 기가 없다면, 세계와 우주의 모든 존재와 사물은 있을 수가 없다. 이런 의미에서 기는 진정한 실재이며, 세계의 수많은 존재와 사물은 기의 다양한 양태에 불과하다. 하지만 기는 흔히 유일신 종교에서 믿는 것처럼 인격적인 주재자로서 작용하지는 않는다. 현상적인 세계 전체가 기의 작용이기 때문에, 그러한 세계를 초월하는 창조주가 따로 설정될 필요가 없다. 결국 기는 시간과 공간을 초월한 영원불변의 본질이 아니라 끊임없이 활동하고 변화하는 현상계의 원리인 셈이다.

서양의 그리스도교는 양교洋敎 또는 서양학이라고 불린다. 회교는 지금의 이슬람교를 말한다. 둘 다 창조주인 유일신을 섬기는 종교인데, 최한기는 이 신을 신천神天이라고 표현했다. 그러므로 신천에는 그리스도교의 하느님God과 이슬람교의 신인 알라Allah가 해당된다. 이 두 신은 천지 만물의 창조주이기 때문에 피조물인 사람과 질적으로 다른 절대타자the Wholly Other다. 사람이 아무리 노력한다 하더라도 창조주와 동일한 위상을 가질 수는 없다. 존재의 층위가 질적으로 다르기 때문이다. 따라서 사람이 자신의 죄를 씻고 사후의 심판에서 영원한 기쁨을 얻는 길은 오직 창조주에 대한 믿음과 숭배에 있다.

최한기는 이러한 종교에 대하여 우선 그 유일신의 영원성을 문제 삼는다. 유일신 종교에서 고정된 형체가 없는 유일신은 처음과 끝이 없으며, 오히려 천지의 처음과 끝을 만든 창조주이다. 최한기는 이처럼 초시간적인 존재를 설정하는 것이 기의 운동과 변화를 벗어나는 단서라고 비판한다. 천지에 있는 만물은 생명과 죽음의 과정을 모두 겪는다. 태어나면 반드시 죽게 되어 있다.

따라서 그는 시간의 변화를 초월하는 신적인 존재를 인정하지 않는다. 또 죽음 이후의 세계인 천당과 지옥도 문제가 된다. 최한기는 한 몸의 기가 죽음 뒤에는 다시 천지의 기로 돌아간다고 보기 때문에, 천당과 지옥의 세계가 근거 없는 허구라고 보았다.

최한기는 특히 천당과 지옥에 관한 그리스도교의 교리가 불교의 윤회설輪廻說과 다르지 않다고 비판한다. 윤회설은 삶이 현생에서 끝나는 것이 아니라 수레바퀴처럼 돌고 돈다는 생각이다. 이때 사후에 가는 세계로, 지극한 즐거움이 가득한 천당과 염라대왕이 다스리는 지옥이 제시된다. 그리스도교처럼 하느님의 심판에 의한 것이 아니라 자신이 지은 업業의 결과, 곧 업보業報로 이러한 세계에 간다고 한다. 이러한 천당지옥설은 민중들로 하여금 선행을 하도록 이끌 뿐만 아니라 불교나 그리스도교를 신앙하도록 만드는 중요한 이론으로 기능했다. 하지만 기에 의해서 만물의 생성과 소멸을 설명하는 사람들은 기의 영역을 벗어난 사후 세계를 인정하지 않는다.

더욱이 이러한 천당지옥설에는 그러한 사후 세계를 겪게 되는 영혼 같은 존재가 전제된다. 이에 대해 최한기는 "점점이 내리는 비가 바다에 떨어져 미미한 흔적만 남기고 바닷물에 혼합되는 것을 가지고 빗물이 영원히 존재한다고 말할 수 있는가?"라고 반문한다.

천주교 선교사였던 마테오 리치 등은 육경六經에 있던 상제를 끌어들여 불교를 공격했다. 가령 리치는 석가모니가 천주교로부터 천당 지옥을 빌려다가 사특한 도리를 전했다고 비판한다. 하지만 불교 역시 사후의 세계를 설정한다는 점에서 천주교와 다르지 않다. 따라서 최한기는 그리스도교와 불교가 유사하다고 평가한 것이다.

> 허무의 학문이 갖는 폐단은 표준이 없는 곳으로 달려가는 데 있으므로 그 폐단을 구제하기 어렵다.
>
> 《인정(人政)》

　여기서 말하는 허무의 학문은 앞서 말한 도교와 불교 이외에 그리스도교 등도 포괄한다. 비록 허무가 도교와 불교에 우선 관련되는 것이지만, 최한기는 성실을 추구하지 않는다는 점에서 그리스도교 더 나아가 방술 역시 결국은 허무하다고 본다. 알 수 없는 화복과 길흉을 알 수 있다고 하면서 민중을 현혹시키고, 정작 알 수 있는 것은 찾지 않기 때문이다. 이에 비해 성실이란 참다우며 실제적인 기의 세계를 의미한다. 따라서 허무의 학문이 도외시하는 표준이란 바로 이러한 성실의 기를 말한다. 최한기는 실유實有인 성실한 기를 표준[準的]으로 삼는다면 추측과 증험의 객관적인 근거가 확보된다고 보았다.

그림자를 찾아 헤매는 이학

조선의 학문을 정리하고자 했던 최한기가 가장 중점을 두고 비

판한 학문은 이학理學이다. 이학은 조선시대의 중심적 세계관인 성리학과 마음을 중시하는 심학心學을 모두 포함한다. '성즉리性 即理'를 내세우는 성리학이나, '심즉리心即理'를 내세우는 심학 모 두 이치를 중심으로 구성되기 때문이다. 우리가 요새 흔히 쓰는 심리心理라는 표현과 달리, 심학의 종지인 심즉리는 '마음이 곧 보편적인 실천 원리'라는 의미를 담고 있다. 따라서 심학에서는 외적인 사물에 있는 이치를 궁구하는 일보다는 본래적인 마음 자체를 중시한다. 하지만 성리학과 심학 모두 보편적인 이치를 전제한다는 점에서 동일하다.

최한기는 이러한 심학과 이학을 구분하여, 전자는 마음을 밝 히는 학문으로, 후자는 이치를 궁구하는 학문으로 나눈다. 그러 나 전자가 밝히려는 마음은 앞서 말했듯이 이치를 담고 있는 마 음이기 때문에 결국은 이학으로 수렴된다. 이러한 이치는 모든 개체보다 앞서 존재하는 우주적인 원리이자 실천적인 의미이기 도 하다. 다시 말해 이치가 없는 모든 개체는 세상에 있을 수 없 으며, 또한 이치가 없다면 누구도 선을 실천하거나 성숙할 수 없 다. 따라서 사람의 삶과 인격적인 성숙 역시 이러한 이치를 얼마 나 온전히 실현하느냐에 달려 있다. 조선 사회는 바로 이러한 이 치에 기초해서 건설된 문명이었다.

그러므로 기존의 모든 학문을 정리하려는 최한기에게 조선 사 회의 핵심을 이루고 있는 이학은 무엇보다 중요한 비판의 대상 이다. 조선 후기의 역사를 짊어진 정치인이나 지식인 대부분이 성리학자이기 때문이다. 최한기는 격동하는 국제 정세 속에 놓인 조선이 마치 바람 앞의 촛불처럼 위태롭던 시기를 살았다. 새로운 서구 문명을 통해 기존의 사회 체제를 근본적으로 반성하게 된 그는 당연히 성리학의 근간을 의심하게 된다. 성리학의 근간은 다름이 아니라 바로 이치라는 관념이다. 이 이치라는 관념이 성리학의 사유체계를 뒷받침하는 주춧돌과 같은 역할을 하고 있었던 것이다.

> 고금의 사람들이 평생 가르치고 배운 것은 실로 기를 통하는 것인데, 기의 형질이 환히 드러나기 전에는 본성〔性〕·이치·허 虛라는 글자로 기의 그림자와 메아리를 표현하여 배우고 가르쳤다.
>
> 《인정(人政)》

이학의 이치를 문제 삼고 비판하는 이 지점에서 최한기는 기를 내세운다. 그는 기를 알지 못하면 이치를 알지 못하고, 기를 보지 못하면 이치를 보지 못한다고 본다. 다시 말해 이치를 알기 위해서는 그보다 앞서 기를 알아야 한다. 기가 실체라면, 이치는 기를 따르는 그림자와도 같다. 우리가 일상에서 경험하는 그림자는 당연히 그 그림자를 생기게 하는 사물이나 사람을 전제한다. 우리가 실제로 있지 않은 그림자를 볼 수는 없으며, 혹 상상에서 그림자를 그린다고 하더라도 그 그림자의 실체는 따로 있어야 한다.

이치가 그림자라는 최한기의 말에는 세 가지의 중요한 의미가 함축되어 있다. 우선, 이치는 그 자체의 존재론적인 근거가 없다. 이학에서는 이치가 스스로 존재하는 자기원인自己原因적인 원리와도 같다. 하지만 최한기에게 이치는 독자적으로 존재할 수 없으며 반드시 무언가에 의존해야 한다. 그럼 이치가 의존하는 것은 무엇인가? 그것은 당연히 기다. 기라고 하는 유형적인 존재가 이치의 실체가 되는 것이다. 사람과 그림자의 관계로 비유하면, 사람이 기이고 그림자는 이치다. 사람이 움직이면 그림자도 움직이며, 사람이 없어지면 그림자도 사라진다. 하지만 그림자가 없다고 해서 사람이 사라지거나 없어지는 것은 아니다.

둘째, 이치는 선험적인 이념일 수가 없다. 최한기는 이치를 기의 조리條理라고 한다. 조리는 기의 일정한 패턴과 같은 것이다. 따라서 이치는 기 자체의 속성과 같은 부산물이다. 기의 형태나 구성이 변하면 당연히 그에 따라서 기의 조리인 이치 역시 변하게 된다. 이에 비해 선험적인 이념이란 물질적인 구성이나 시간적인 변화를 초월해 있는 것이다. 성리학에서 말하는 이치가 바로 이것이다. 하지만 최한기는 이치가 그러한 위상을 가질 수 없다고 본다. 기의 형태나 구성이 마음에 들지 않는다고 함부로 이치에 따라 기를 조작할 수는 없는 일이다. 그림자에 맞춰서 사람을 변형시킬 수는 없기 때문이다.

셋째, 이치는 기보다 가치가 우월하지 않다. 기존의 이학에서는 이치가 기보다 더 우월한 가치를 가지며, 기는 기껏해야 이치를 실현하는 수단에 불과하다고 본다. 가령 성리학에서는 마음을 기라고도 하는데, 이때 마음은 이치인 본성을 실현시키는 수단에 불과하다. 하지만 최한기에게 기는 이치의 실현 수단이 아니라 존재 근거였다. 다시 말해 이치는 자기조직적인 기의 흔적에 불과하다. 따라서 그림자보다 사람이 더 소중하듯이 이치보다 기가 더 우월한 가치를 갖는다.

그림자의 비유에서 더 나아가 최한기는 이학에서 말하는 이치가 사람의 정신적인 구성물에 불과하다고 규정한다. 맹자는 사람의 본성이 선하다는 성선의 가치를 표방할 때, 우물에 빠지려는 어린아이를 예로 들었다. 그런 아이를 보고 측은해하는 것은 자연스런 본성의 발로라는 것이다. 다시 말해 측은해하는 마음은 아이 부모와 교제하려 하거나 이웃에게 칭찬받으려는 의도 없이도 자연스럽게 발생하는 본래적인 선한 마음이다. 이것을 성리학에서는 이치인 본성이 발현된 사례로 여긴다. 다시 말해 선험적으로 절대선인 본성이 외적인 계기로 인해 마음으로 표출된 것이라고 본다. 따라서 이렇게 측은해하는 마음은 사람의 주관적인 구성물일 수 없다.

하지만 최한기는 측은해하는 마음 배후의 어떠한 선험적인 이념이나 본질도 인정하지 않는다. 측은해하는 마음은 아이가 우물에 빠지려는 사태에 직면해서 나온 우발적인 경험이다. 그리고 이러한 경험의 발생은 그 이전에 물에 빠지면 많이 죽는다는 사실을 들어 알기 때문에 나온다. 만일 흰 종이처럼 마음속에 그러한 정보가 전혀 없다면, 우물에 빠지려는 아이를 보아도 전혀 측은해하지 않았을 것이다. 이전에 들어서 아는 것 역시 경험의 영역이다. 경험 이전의, 곧 선험적으로 주어지는 이치나 그것의 내재인 본성, 본성의 발현인 선한 마음은 없다. 경험이 전혀 없는 갓난아이라면 똑같은 광경을 보더라도 측은해하지 않을 것이다.

이러한 방식의 사유를 따르면, 아들이 어버이에게 효도하고 부모가 자식을 위해주는 등의 인륜 또한 경험과 추측의 산물이 된다. 여기서 인륜은 선천적으로 갖고 태어나는 본성이 아니라 후천적으로 경험하고 학습한 결과로 규정된다. 최한기는 "이학의 이치, 태극의 이치 등 책에서 말하는 모든 이치는 추측의 이치에 불과하다"고 말한다. 곧 이학의 이치는 존재론적인 실재가 아니라 사람이 경험을 통해 구성한 추측의 결과물이라는 말이다. 여기서 추측은 자의적인 연상 작용을 뜻하지는 않는다. 추측의 대상인 기 자체가 객관적으로 실재하는 것이기 때문에 추측역시 객관성을 띨 수 있다.

이학의 이치는 성리학의 핵심적인 공부 방법인 거경居敬이나 궁리窮理와도 관련이 있다. 우선, 거경은 자기 마음속에 있는 본성을 보존하기 위해 취하는 실존적 긴장의 공부이다. 자기 마음을 지키는 거경은 사실 마음 안에 이치가 온전히 갖춰져 있다는 사고를 전제한다. 마음에 이치가 온전히 있으니까 그 이치를 온전히 발현할 수 있게 극도의 긴장을 유지할 필요가 있는 것이다. 원칙적으로 거경은 일상생활의 모든 활동을 관통하지만, 궁리와 대비될 때는 주로 외부 세계와 무관하게 이뤄지는 내향적인 성찰을 말한다. 당연히 최한기는 이런 내향적인 공부가 쭉정이와 같이 내실이 없다고 본다.

단지 생각을 지키는 일만을 거경이라고 여기거나 옛 글에 대
해 토론하는 일을 궁리라고 생각하는 자세는 쭉정이와 피를
기르는 셈이다.

《인정(人政)》

성리학의 궁리는 자기 외부의 사물에 나아가 이치를 궁구하는
공부다. 다시 말해 외부 사물을 매개로 이치를 파악하는 길인데,
그 이치는 이미 자신의 본질로 마음에 내재해 있다. 특히 성리학
자들은 궁리의 방식으로 독서와 토론을 중시했다. 그들에게 유
교 경전 등의 글은 영원한 이치를 여실히 간직하고 있는 성현의
마음이 표현된 것이기 때문이다. 따라서 이에 대한 독서와 토론
은 결국 성현의 마음에 담긴 이치를 궁구하는 통로가 된다. 최한
기는 고금의 변화를 무시하는 듯한 이런 궁리가 쓸모없는 짓이
라고 비판한 것이다.

그렇다면 최한기는 성리학에서 말하는 이치가 공허한 이치[虛
理]라고 하여 이치 자체를 근본적으로 부정하는 것인가? 그래도
이학은 술수나 외도와 달리 유교적인 인륜 질서를 이치를 통해
정당화했다. 이런 의미에서 최한기는 이치 자체를 근원적으로
부정하기보다 기의 차원에서 새롭게 접근할 것을 주장한다. 이
치는 그 자체가 기의 선험적인 기준이나 본질이 아니라 기의 내
재적인 조리에 불과하다. 따라서 이치의 근원적 실체가 되는 기
와 분리되거나 어긋나면 주관적 구성물인 이치는 자기의 근거를
상실하기 때문에 공허한 이치가 된다. 이와 달리 객관적인 기를

기준으로 삼아 올바르게 추측한다면 이치는 기를 제대로 반영하는 성실한 이치가 될 수 있다. 성실한 이치는 객관적인 실재성을 확보하기 때문에 당연히 긍정적인 의미를 갖는다.

모든 길은 기학으로

우리는 지금까지 조선 후기 최한기가 기존의 학문을 어떠한 방식으로 비판했는지 살펴보았다. 그의 비판은 기존의 학문체계에 대한 대안 없는 비판이 아니었다. 그가 자신의 새로운 학문을 구성하고 정당화하는 과정에서 이러한 비판이 나왔기 때문이다. 그렇다면 그가 주장하는 새로운 학문은 무엇인가? 바로 '기학' 곧 '기의 학문'이다. 풀어서 설명하면, '기를 통해 세계를 종합적으로 이해하는 학문' 정도의 의미가 담겨 있을 것이다. 이학이 이치를 중심으로 구성된 학문이라면 최한기의 기학은 기를 대변하는 학문이라고 비교할 수도 있다.

하지만 최한기가 기존의 학문이 도달한 성과를 무조건 부정하거나 무시한 것은 아니다. 그는 학문이 역사의 발전에 따라 진보한다고 보았다. 따라서 기존의 학문들은 그 학문이 형성되고 유행되던 역사의 단계에 맞는 역할을 한 것이다. 이와 같이 학문의 단계별 발전을 설정한다면, 최한기가 새롭게 제창한 기학 역시 기존의 학문을 전제해야만 태어날 수 있는 것이다. 다시 말해 기존의 학문을 전면 부정하는 방식으로 기학이 탄생한 것이 아니다. 그는 기존의 학문이 갖고 있는 한계를 기학의 구성을 통해 극복할 수 있다고 믿었다. 따라서 기학은 역설적이게도 기존 학문의 도움 위에 건설된 것이다.

> 유도儒道 중에서는 인륜과 인의를 취하고 귀신·재앙과 상서로움에 대한 것을 변별해내며, 서법西法 가운데서는 천문·수數·대기에 관한 설을 취하고 괴이하고 거짓된 화복설禍福說을 제거하며, 불교에서는 그 허무를 실유로 바꾼다. 이 세 가지를 조화롭게 하나로 귀일시키고 옛것을 기본으로 새롭게 바꾸면 진정 천하에 두루 통용되는 가르침이 될 것이다.
>
> 《신기통(神氣通)》

'천하에 두루 통용되는 보편적인 가르침'은 바로 기학을 말한다. 최한기는 자신의 기학이 어떠한 사상적 토양 위에서 이룩된 열매인지 설명하고 있다. 그가 비판적으로 계승하여 통합하고자 한 것은 유교와 서양 과학, 그리고 불교였다. 우선 유교의 귀신설이나 재이설˙災異說, 그리스도교의 천당지옥설, 불교의 허무는 배제된다. 이에 비해 기존의 유교에서는 인륜을, 서양 과학에서는 천문학과 수학 등을 섭취하고, 도교까

재이설

자연의 재해나 이변 현상이 인간과 국가의 운명과 연관이 있다고 보는 해석 체계. 예를 들어 가뭄이나 홍수가 발생하면 통치자의 잘못 때문이라고 보고 통치자는 근신하게 된다. 한대에 유교의 국교화를 도운 것으로 평가되는 동중서(董仲舒, BC 170? ~120?)가 이론적으로 체계화시켰다.

지 함축하는 불교의 허무는 실유로 전환하여 취한다. 우리는 이러한 발언을 통해 그의 기학이 윤리적으로는 유교를, 자연과학에서는 서양 근대의 과학을, 존재론에서는 불교와 반대 입장을 취한 것임을 알 수 있다.

최한기는 기존의 학문이 특정한 지역에서만 통용되는 단편적인 학문에 불과했다고 보았다. 유교, 서양 과학, 불교 등의 학문은 각기 해당 지역에서 중요한 위상을 차지하고 있는 사유체계들이다. 하지만 그는 동양과 서양이 왕래하고 교섭하면서 상호 영향을 주고받던 격변의 시대를 살았다. 당연히 조선 문명에서 중심적인 이념이던 기존의 유교나, 전통적으로 막대한 영향력을 끼친 불교, 그리고 서구를 통해 새롭게 밀려드는 자연과학 모두 보편적인 학문일 수는 없었다. 최한기는 이러한 기존 학문들의 장점을 통합하여 지구촌 전체에 통용될 수 있는 새로운 학문을 꿈꾼다. 그것이 바로 기학이다.

최한기는 자신이 설계한 기학이 어떠한 비난도 극복할 수 있는 의미를 갖는다고 자부했다. 가령 무형無形을 숭상하는 사람은 기학이 너무 유형의 차원에 매몰되어 있다고 비판할 수 있다. 다시 말해 감각적인 경험의 차원에 한정되어 보편적인 이치를 모른다고 비난하는 경우가 있을 수 있다. 다른 한편 고법古法을 숭상하는 사람이라면 기학이 고전적인 근거 없이 새롭다고 비판할 수 있다. 이것은 예전의 성인들이 만든 법도에 어긋난다거나, 그러한 법도에 기초해서 학문을 구성하지 않았다는 지적일 것이다. 하지만 최한기는 세계 사람들이 실천하고 밝혀야 하는 기준은 무형이나 고법이 아니라 기학만이 감당할 수 있다고 자부한다.

최한기의 기학에 영향을 준 학문 중 서양 과학은 특히 중요한 위상을 차지한다. 그는 기의 운행과 변화를 수량화quantification 해서 객관적으로 측량하려 했다. 이러한 기의 수량화는 이치의 초월성을 강조하는 성리학뿐만 아니라, 기의 보편적 근원성을 중시하는 기존의 기철학 전통과도 다르다. 이런 수량화와 관련하여 수학數學이 중시된다. 최한기는 "역상曆象이 점차 밝아지는 것은 기학의 방향이 되었고 지구가 자전하고 공전하는 것은 기학의 입문이 되었으며 뭇 기구의 사용은 기학의 경험이 되었다"고 평가한다. 이처럼 서양의 자연과학이 이룬 성취는 그의 기학에 절대적인 영향을 주었다.

하지만 기학은 단지 자연과학에만 한정되는 학문이 아니다. 기존에 있던 모든 학문을 종합·정리하는 학문이 기학이다. 따라서 지금의 학문 분류로 설명한다면, 기학은 인문과학·사회과학·자연과학을 모두 포괄한다. 이러한 포괄적 학문의 성립은 궁극적 실재인 기의 운화가 갖는 보편성에 기초한다. 최한기에게 기의 운행과 변화가 우주적 차원에서 발생하는 것이 천지운화天地運化, 사회적 차원에서 발생하는 것이 통민운화統民運化, 개체적 차원에서 발생하는 것이 일신운화一身運化다. 이 세 차원은 각각 자연과학, 사회과학, 인문과학의 영역을

역상

해·달·별 등 천체가 나타내는 여러 가지 현상. 해와 달의 위치, 태양계 행성의 위치, 일식과 월식, 여러 행성의 합(合)과 충(衝) 현상, 해돋이와 해넘이 시각과 방위, 24절기 입절 시각 등을 말한다.

대변한다고 볼 수 있다. 그러므로 운화 전체를 다루는 기학은 이러한 학문들을 모두 포괄한다.

> 기학의 효과는 천지와 인물이 하나로 통합되는 운화〔一統運化〕에 있다.
>
> 《기학(氣學)》

결국 기학이 궁극적으로 그리는 이상은 천지와 인간의 통합이다. 최한기는 학문에 우열과 시비가 있으며, 그에 대한 판단은 바로 현실 세계에서 사무事務를 보고 활동하는 현장에서 증험할 수 있다고 본다. 곧 사무의 실천에서 제대로 기능할 수 있느냐에 따라 학문의 우열과 시비가 갈린다. 천지와 인물을 관통하는 기의 운동과 변화를 정확히 파악하여 그것을 삶의 준칙으로 삼아야만 현실에서 올바른 일 처리를 할 수 있다. 천지의 운화와 인물의 운화는 원칙적으로는 하나로 통합되어 있지만, 그것을 파악하려는 인간의 추측에는 한계가 있기 마련이다. 기학은 올바른 추측을 통해 이러한 괴리를 극복하여 양자를 통합시키는 학문이다.

추측과 변통의
주체를 위하여

세계의 보편적인 근원, 운화의 기

우리 주위에는 하늘과 땅, 식물과 동물, 그리고 사람에 이르기까지 각종 개별적인 존재들이 있다. 가령, 아침에 일어나면 햇살이 비치고 사람이 거니는 길가에는 싱그러운 나뭇잎이 바람에 흔들리며 길바닥에는 개미가 바삐 지나간다. 사람들은 보통 이러한 일상의 풍경을 바라보면서 다양한 개체나 현상을 고립적으로 파악한다. 해는 해이고, 바람은 바람이며, 나는 나이고, 개미는 개미일 뿐이다. 다시 말해 해와 나, 바람과 나무, 그리고 개미 등의 개별 존재를 연관지어서 파악하지 않는다. 하지만 세계의 보편적인 구성 원리를 설정하는 사상가 최한기는 상이한 개체들 사이에 근원적인 통일성이 있다고 생각한다. 그는 상이한 개체들을 하나로 묶어주는 근원적 통일성을 바로 기에서 찾는다. 개체들은 비록 현상적인 모습이 다르더라도 궁극적으로는 동일한 기에서 파생된 존재이며, 개체가 소멸되면 그 근원의 기로 회귀하게 된다.

이런 의미에서 최한기의 형이상학은 모든 존재를 기로 환원해서 설명하는 기일원론氣一元論이라 할 수 있다. 최한기 이전의 조선시대 유학자 가운데 녹문鹿門 임성주 任聖周, 1711~1788 역시 이러한 기일원론의 사유를 보여준다. 곧 그는 모든 존재의 근원적 통일성과 개별적 차이성이 생기는 근원을 기에서 찾는다. 하지만 최한기는 자신의 세계관이 기존의 사유로부터 어떤 계승 관계를 갖는지에 대해 말이 없다. 다만 그의 대표 저서인 《기학》의 서문을 보면, 그는 예전 사람들이 기에 대해 말한 내용은 아득하고 불확실하며 습관에 얽매였다고 비판한다. 이런 비판을 보면, 최한기는 서양 과학의 지식에 기초한 자신의 기학을 기존의 기철학적 전통과 질적으로 구분한 것 같다.

기가 모든 존재의 근원이라고 한다면, 우주 안의 모든 존재는 당연히 기가 갖고 있는 속성을 지니게 된다. 그렇다면 최한기가 규정한

임성주

조선 후기에 기일원론을 주장한 성리학자. 그는 주자학적 이기이원론(理氣二元論)이 우세하던 지적 풍토에서 활동했으면서도, 이(理)와 기(氣)의 이원적 관념을 기의 일원적 관념으로 통일해 기일원론을 주장했다. 그의 철학을 알 수 있는 대표적인 글에는 〈녹려잡지(鹿廬雜識)〉가 있다.

기의 보편적인 본성은 무엇일까? 바로 활동운화活動運化다. 활동
운화는 전체적으로 "생명의 기가 항상 운동하고 두루 운행하여
크게 변화한다"는 의미다. 곧 활동운화는 기가 생명력을 가지고
항상 자발적인 운동을 통해 순환과 변형의 능력을 발휘하는 성
질을 뜻한다. 하늘과 땅, 해와 달과 별, 바다와 육지의 산물, 사
람의 오장육부와 혈맥에 이르기까지 모두 이런 활동운화의 과정
에서 형성된다. 결국 한 덩어리의 살아 움직이는 기는 활동운화
의 본성을 통해 우주의 모든 만물을 생성시킨다.

　모든 존재의 근원인 기가 활동운화의 본성을 갖기 때문에, 기
에서 파생되어 나온 모든 개체의 본성 역시 활동운화다. 비록 개
체와 종류의 차이가 있지만, 세계 안의 만물은 이러한 활동운화
를 통해 형성되고 또한 활동운화를 자신의 본성으로 갖는다. 만
물은 기의 활동운화라는 거대한 운동 속에서 태어나며, 개체 안
에도 기의 활동운화가 본성으로 자리잡기 때문이다. 이러한 면
에서 모든 존재가 상통할 수 있는 근거가 바로 기의 활동운화라
하겠다.

　　활동운화는 기학의 근본 취지다.

《기학(氣學)》

　최한기는 자신의 새로운 학문을 기학이라는 이름으로 제시했
다. 그는 자신의 기학이 기존의 모든 학문이 갖는 한계를 극복하
고 새로운 보편적 학문이 될 것이라고 굳게 믿었다. 이러한 믿음

은 바로 활동운화의 보편성에 대한 확신에 기초한다. 곧 그는 우주 안에 존재하는 모든 층위의 개체와 존재들이 모두 활동운화의 본성을 공유한다고 확신했다. 활동운화를 종지로 삼는 기학의 영역은, 우리가 늘 호흡하는 대기와 같은 존재로 이뤄진 우주적인 차원, 사람의 공동체가 만드는 사회적 차원, 마음의 신묘한 작용이 외부 세계와 통하는 개인적 차원으로 분류된다.

최한기는 기학의 종지를 이루는 활동운화의 본성을 줄여서 '운화運化'라고 표현한다. 운화는 운행과 변화의 의미를 강조한 용어이며, 이러한 운화의 기를 운화기運化氣'라고 한다. 이 운화기야말로 궁극실재인 하늘[天]이다. 따라서 하늘을 스승으로 삼으려면 운화기를 알아야 한다. 최한기는 성인의 학문이 본래 운화기의 하늘을 스승으로 삼은 데 비해, 현인은 성인을 스승으로 삼고 나중에는 심지어 자신의 마음을 스승으로 삼게 되었다고 비판한다. 가령 하늘이 아니라 성인을 스승으로 삼으면, 성인이 남긴 말의 기록인 경전經典에 얽매여서 그것을 암송하고 해석하는 일로 세월을 보내게 된다. 최한기가 이런 방식의 학문 전통을 탈피할 수 있었던 이유도 삶과 학문의 궁극적인 기준을 성인이 아니라 궁극실재인 운화에 두었기 때문이다. 그래서 최한기는 '운화' 두 글자가 모든 선善을 관철한다고 주장한다.

운화의 영역은 크게 세 가지 차원으로 나뉜다. 첫째는 천지운화다. 이 천지운화는 하늘과 땅처럼 자연적인 차원에서 이뤄지는 기의 운동과 변화를 말하며, 천문과 역수曆數의 영역이라 할 수 있다. 특히 최한기는 하늘이 곧 대기大氣라고 하면서 대기가 생명의 원천이라고 강조한다. 그래서 천지운화는 대기운화大氣運化로도 불린다. 둘째는 통민운화統民運化다. 이것은 인민운화人民運化라고 하며 정치와 교육과 같은 사회적인 영역이다. 셋째는 일신운화다. 이는 인간 개체 차원에서 이뤄지는 기의 운화를 말한다. 기본적으로 이 세 가지가 중심적인 분류이고, 일신운화와 통민운화 사이에 가족 관계처럼 개인적인 인간관계 차원의 교접운화交接運化가 있기도 하다. 그렇다면, 이처럼 상이한 운화의 상호관계는 무엇일까?

최한기는 개인적인 차원의 일신운화가 사회적인 통민운화를 받들어 따르고〔承順〕, 통민운화는 또한 자연의 대기운화를 받들어 따라야 한다고 보았다. 다시 말해 그는 개체가 사회로 확장되고, 사회가 우주로 확장되는 초월의 과정을 주장한다. 개체의 한계를 초월하는 길은 사회적인 차원에서 일어나는 기의 운행과 변화를 자신에게 적용하는 데 있다. 또한 사회나 국가가 그 한계를 벗어나는 길 또한 천지에 퍼져 있는 대기의 운동과 변화를 사회나 국가에 활용하는 데 있다. 그렇다면 대기의 운화가 개인과 사회의 궁극적인 표준이 되는 셈이다. 이것은 대기의 운화 자체가 모든 존재와 상관적인 관계를 맺고 운화하는 보편성에 기인한다.

지금 우리가 하늘의 대기를 생각하면, 그냥 인간의 영역과 상관없는 자연적인 존재에 불과하다. 때론 상쾌한 바람을 통해 대기의 운행을 느낄 수도 있지만, 평상시에는 이러한 공기를 의식하지 못하곤 한다. 최한기는 이 대기가 사람의 피부를 매개로 항상 우리 속으로 뚫고 들어와 안팎으로 교감하면서 우리의 생명을 이룬다고 보았다. 가령 그는 우리가 추위·더위·건조·습기 등의 기후 조건에 영향을 받는 것을 그 예로 들고 있다. 만일 이러한 대기의 운행이 우리의 몸과 상호 소통하지 않고 단절된다면 우리는 어떻게 될까? 죽는다! 그런 의미에서 대기와 나누는 호흡이야말로 인간과 세계의 근원적인 소통이자 생명의 원천이기도 하다.

세계의 모든 존재와 소통하는 대기운화가 표준이 될 때, 그것은 결국 인간 사회의 정치와 교육을 매개로 실현된다. 최한기는 자연의 천지운화를 인간이 인위적으로 변화시킬 수 없고 통민운화를 통해 받들어 따라야 한다고 주장했다. 통민운화는 일신운화의 기준이 될 뿐만 아니라, 천지운화를 현실화시키는 매개적인 위상을 갖기 때문이다.

통민운화는 기학의 중추가 된다.

《기학(氣學)》

만일 통민운화가 없다면, 일신운화는 그 기준을 상실하고 대기운화는 인간 사회와 무관하게 된다. 최한기는 통민운화가 세우는 인도人道의 핵심 가치인 효도 속에, 우리를 낳고 기르신 부모뿐만 아니라 우주적인 부모로서 대기를 포함시킨다. 이와 같이 그는 통민운화를 매개로 개인적 차원의 일신운화와 우주적 차원의 천지운화를 관통하는 사회를 구상했다.

신기, 세계와 소통하는 주체

최한기는 우주의 보편적인 근원인 기를 신기神氣로도 표현한다. 신기의 신神은 기 자체가 갖고 있는 신묘한 작용의 능력을 표현한 용어다. 이런 의미에서 상제上帝 역시 신기가 작용하는 덕을 가리킨 것이지 실제 집 안에 주인이 있듯이 인격적인 주재자를 말하는 것이 아니다. 이러한 신기가 흙과 돌에 부여되면 굳고 무거우며 지각이 없는 물건이 되며, 풀과 나무에 부여되면 씨를 전하는 존재가 되고, 동물에게 부여되면 보고 듣는 지각이 있는 것이 되며, 사물에 부여되지 않으면 구름·바람·비·더위·추위 등이 된다. 다시 말해 하늘과 땅 사이의 만물은 신기의 조화물이며, 위치에 따라 신기는 하늘의 신기〔天之神氣〕·사람의 신기〔人之神氣〕·사물의 신기〔物之神氣〕로 구분된다. 이처럼 최한기의 사유는 창조적인 생명력을 갖고 만물 속에 있는 신기의 형이상학을 전제하고 있다.

 사람을 포함하여 혈액을 가진 동물의 경우는 형질形質의 차이에 각종 장기臟器와 사지四肢, 감각기관의 차이가 있기 마련이다. 이러한 기관들의 차이로 인해서 개와 사람이 보고 듣고 행동하는 양상이 달라진다. 그런데 여기서 말하는 기관 역시 형질로 이뤄진 것이기 때문에, 결국 사람과 동물 사이의 존재론적인 차이도 형질의 차이에서 발생한다. 최한기는 사람과 동물 사이에 지각과 추측의 능력이 다른 원인을 선천적인 형질의 차이에서 구한다. 곧 그는 보고 듣고 행동하는 신체기관이 되는 오장육부五臟

六腑와 사지, 몸통이 선천적으로 맑고 탁하며 강하고 약한[淸·濁·强·弱] 차이를 갖는다고 보았다.

보고 듣는 견문의 경험을 지식의 원천으로 생각하는 최한기의 입장에서는 선천적인 신체기관의 우열(優劣)이 매우 중요하다. 최한기는 신체기관의 맑고 탁하며 강하고 약한 차이를 설정하여 결과적으로 세계를 인식하고 선(善)을 실천하는 역량의 차별을 정당화하게 된다. 다시 말해 그는 신체기관의 차이 때문에 보고 들으며 지각하는 능력을 가진 존재 안에 자연히 우열과 선악이 생긴다고 말한다. 이런 측면에서는 타고난 기질을 맑고 탁하며 순수하고 잡박한[淸·濁·粹·駁] 양상으로 분류해 윤리적 인식과 실천의 역량을 차별적으로 설정한 성리학과 본질적인 차이가 없다. 최한기 역시 주희처럼 학습을 통한 사람의 변화 가능성을 인정하면서도 주어진 신체적인 조건에 따라 윤리의 영역이 제약을 받는다고 보았기 때문이다.

최한기에게 눈은 색을 알려주는 거울이고 귀는 소리를 듣는 대롱이며 코는 냄새를 맡는 통이고 입은 내뱉고 거둬들이는 문이며 손은 잡는 도구이고 발은 움직이는 바퀴다. 이러한 신체기관, 그리고 그것이 담당하는 감각 기능을 제외하고 우리가 존재할 수 있을까? 우리는 눈·귀·코·입 등의 신체기관 없이 사물의 색깔·소리·냄새·맛에 접근할 수 없다. 하지만 감각기관들은 우리 몸 안의 신기, 곧 우리의 마음[心]이 주재한다. 최한기는 감각의 기능을 뇌가 아니라 마음이 주관한다고 믿었다. 따라서 마음으로서의 신기는 몸 전체를 주관하는 주인, 곧 주체가 된다. 우리가 눈으로 산을 본다고 하더라도 그것은 결국 신기가 보는 셈이며, 우리가 귀로 음악을 듣더라고 신기가 듣는 셈이다. 보고 듣는 감각의 경험은 신기의 주재 아래 상호 소통하여 영향을 주고받는 관계를 형성한다.

> 신기는 지각知覺의 주체요, 지각은 신기의 경험이다.
>
> 《신기통(神氣通)》

최한기의 신기는 존재론의 측면에서는 모든 존재 속에 들어 있는 세계의 보편적인 구성 요소이면서, 동시에 사람의 경우에는 지각의 주체다. 우리는 신체기관을 통해 외부 세계를 경험한다. 그리고 그 경험이 사람의 신기인 마음에 물들어 쌓이는 곳에서 지각이 발생한다. 이때 말하는 '지각'은 단순히 감각적인 차원의 인식을 뜻하는 것이 아니라 외부 경험을 통해 형성된, 사물과 사태에 대한 실천적인 인식과 판단에 가깝다. 외부 사물에 대한 견문이 쌓이면 사물에 대한 추측의 사유가 발생하고, 추측 이후에는 사물에 대한 지각이 생긴다. 예를 들어 길을 가는데 똥이 발 앞에 있다고 상상해보자. 우리는 똥이 고약한 냄새를 풍기고 더럽다는 사실을 전에 직접 경험하

사람의 신기

최한기는 《기학(氣學)》에서 사람의 신기가 이성[明悟] · 기억[記繹] · 의지[愛欲]의 역량을 갖고 있다고 말한다. 그런데 마테오 리치 역시 《천주실의》에서 정신이 기억[司記含] · 이성[司明悟] · 의지[司愛欲]의 기능을 갖는다고 주장했다. 이러한 사실에서 리치의 인간 이해가 최한기에게 영향을 주었음을 짐작할 수 있다.

거나 보고 들어서 안다. 이러한 경험이 있다면, 똥이라는 사물에 대한 추측이 생기고 그 결과 실천적인 인식인 지각이 발생하여 우리는 자연히 똥을 피해 간다.

따라서 신기가 곧바로 지각은 아니며 반대로 지각이 곧 신기일 수도 없다. 만일 보고 듣는 경험이 없다면 단지 신기만 있을 뿐 지각이 발생할 수 없으며, 외부 사물과 만나는 경험이 있어야만 신기에 자연스러운 지각이 있게 된다. 지각은 신기 안에 본래 갖춰져 있는 선험적인 인식이 아니라 외부로부터 들어오는 경험을 통해 생긴다. 예를 들어 마치 하얀 천에 갖가지 색깔의 물감을 칠하면 천에 색깔이 물들듯이, 순수한 신기에 외부의 경험이 물들어야 지식이 생긴다. 선험적인 지식을 거부하고 경험을 강조한 최한기는 백지 상태 •tabula rasa에서 경험의 축적을 통해 이뤄지는 지식을 주장한 존 로크John Locke, 1632~1704와 비슷해 보이기도 한다. 하지만 최한기의 경험은 우주를 포괄하는 유기체적인 신기의 형이상학을 전제한다는 점에서 그 맥락이 다르다.

신기의 마음이 곧 지각은 아니라고 보는 최한기의 입장은 주희가 마음을 허령虛靈과 지각으로 보는 것과 대비된다. 주희에게 지각은 단지 외적인 세계에 대한 감각적인

🏛 백지 상태

라틴어 '타불라 라사(tabula rasa)'는 '아무 것도 써 있지 않은 흰 종이'라는 뜻으로 로크가 《인간오성론An Essay Concerning Human Understanding》(1690)에서 쓴 표현이다. 로크는 마음이란 원래 '아무 글자도 쓰지 않은 백지'와 같다고 주장하면서 사람이 태어날 때부터 가지고 있다고 생각되는 본유관념을 부정했으며, 관념이나 지식은 모두가 감각과 반성이라는 두 가지 경험의 통로를 거쳐서 후천적으로 얻어지는 것이라 주장했다.

반응이 아니라, 선험적인 이치의 내재인 본성에 근원하거나 사적인 육체에서 발생하는 모든 인식과 판단의 활동이다. 그는 의식적인 사유 작용이 없는 상태에서도 지각의 잠재적인 역량이 여전히 작동한다고 보았다. 더 나아가 주희는 삶에서 발휘되는 '지知'와 '각覺'을 구분한다. 곧 전자는 삶에서 해야 하는 마땅한 사태에 대한 앎을, 후자는 그러한 사태의 근원적인 까닭인 본질적인 이치에 대한 깨달음을 뜻한다. 주희는 본성이라는 선험적인 이치가 마음에 내재해 있다는 사고에 기초해서 자신의 고유한 지각설을 전개한 것이다. 하지만 지각 자체를 세세하게 분석하지 않는 최한기는 외부의 경험과 무관한 지각의 가능성을 부정한다.

사실 신기는 비록 선천적으로 부여받은 주체이지만, 그것은 고정되어 있지 않고 유동적으로 변한다. 최한기는 신기의 구성 요소로 하늘과 땅, 부모의 정기와 혈기, 그리고 후천적인 견문과 학습을 든다. 하늘과 땅, 부모의 정기와 혈기 같은 선천적인 구성 요소들은 노력한다고 해서 바꿀 수 있는 것이 아니다. 그래서 그는 개인의 장수 여부는 선천적으로 정해진 것이기 때문에 그것을 바꾸려는 노력은 소용없다고 본다. 하지만 후천적인 견문〔見聞〕과 습관〔習染〕은 사람마다 얼마든지 달라질 수 있다. 우리가 일상생활에서 경험하는 견문과 학습의 내용은 개인마다 다를 수밖에 없으며, 견문과 학습으로 구성되는 신기 역시 자연히 다르게 된다.

결론적으로 후천적인 견문과 학습이 가능한 근거도 신기이고,

그러한 견문과 학습을 통해 변화되는 주체도 신기다. 신기에서 신神은 기의 정화精華이고, 기는 신의 바탕이다. 따라서 신기는 사물을 분별하고 헤아리는 총명한 인식, 그리고 신체의 근육과 뼈의 성장에 따라 향상되고 음식의 섭취로 발달하는 힘을 갖는다. 이러한 역량을 신기가 갖고 있기 때문에, 견문과 학습이 신기에 축적이 되면 신기의 역량 또한 변한다. 신기가 갖고 있는 총명한 인식에는 외부 세계에 대한 지각, 추측, 기억 등의 사유 작용이 포함된다. 이러한 사실에서 보듯이, 신기는 몸을 주재하고 외부를 인식하는 주체, 곧 우리의 마음이다.

앎을 넓히는 요체, 추측

최한기는 미루고 헤아리는 사유 작용 곧 추측推測을 우리의 마음이 갖고 있는 핵심적인 역량으로 본다. 그래서 그는 '마음은 사물을 추측하는 거울'이라고 말하기도 하고 '마음이란 추측을 총괄하는 이름'이라고 말하기도 한다. 최한기에게 추측은 마음이 자신의 경험에 근거해서 그것을 확장하는 길이다. 우리는 이미 본 것을 미루어서〔推〕 보지 못한 것을 헤아리고〔測〕, 들은 것을 미루어서 듣지 못한 것을 헤아리며, 익숙한 것을 미루어서 익숙하지 않은 것을 헤아린다. 예를 들어 어린아이가 엄마의 기쁨과 분노를 눈으로 보고 귀로 들어 익히면서 이것을 미루어 남의 기쁨과 분노의 반응을 헤아리게 되는 이치와 같다.

우리의 육체를 이루는 형질은 개인의 공간적인 한계 안에서 작동한다. 그런데 추측은 활동운화하는 신기의 작용이기 때문에, 개체의 한계를 초월하여 우리의 앎의 지평을 시간적으로나 공간적으로 무한히 넓힌다. 다만 특정한 경험에 기초하는 미룸과 그런 경험을 초월해서 유사한 경험을 파악하는 헤아림은 서로 도와야 한다. 만일 미룸만 있고 헤아림이 없다면 우리는 '굳고 막힌 상태[固滯]'에 있게 된다. 다시 말해 자신이 보고 들은 특정한 경험 자체에만 한정되면 그것을 넘어서는 사태 앞에서는 몸이 굳어버려 제대로 대응할 수 없게 된다. 반대로 만일 헤아림만 있고 미룸이 없다면 허망虛妄하게 된다. 실제 구체적인 근거와 관련된 미룸이 전제되지 않으면 우리의 사고는 널뛰듯이 공허한 관념의 유희에 빠지기 쉽다. 이런 관계를 단적으로 정리하면, '헤아림 없는 미룸은 맹목이며 미룸 없는 헤아림은 공허하다'고 말할 수 있다. 미룸과 헤아림이 서로 도와야만 앎이 온전히 넓어진다.

추측은 앎을 넓히는 요체다.

《기측체의(氣測體義)》

사람의 삶은 태어나면서부터 죽을 때까지 세계에 대한 앎을 확장하는 과정이라 해도 과언이 아니다. 자신이 몸소 겪은 경험에 근거해서 자기가 실제 경험하지 못하는 부분을 헤아리는 사유 작용은 항상 일어난다. 추측을 마음의 중요한 작용으로 보는 입장은 사실 주희나 정약용의 사유 속에서도 그 단초를 볼 수 있다. 예를 들어 주희는 세계의 사물에 나아가 자신이 이미 알고 있는 이치에 근거해서 그 이치를 더욱 궁구하는 격물 格物의 공부를 제시한다. 정약용은 아예 사람의 마음이 만물의 이치를 미루어서〔推〕모두 깨달을 수 있다고 규정한다. 하지만 이 두 사람은 모두 최한기처럼 '추측'을 중심으로 자신의 사유체계를 일관되게 구축하지는 못했다.

최한기가 고유하게 구축한 추측의 길은 가까운 데서 먼 곳으로, 앞에서 뒤로, 드러난 것에서 숨어 있는 것으로 나아간다. 그리고 그의 추측은 우리가 흔히 생각하는 논리적인 추론에 그치는 것이 아니라, 수많은 사회적 관계에서 이루어지는 다양한 윤리적 공부나 실천을 포괄한다. 예를 들어 아버지를 만났을 때 제대로 효도하는 것은 효도에 대한 추측이고, 마음을 바로잡는 일은 마음에 대한 추측이며, 본성을 다 발휘하는 것은 본성에 대한 추측이 된다. 최한기의《추측록》을 보면, 기를 미루어 이치를 헤아리고〔推氣測理〕, 감정을 미루어 본성을 헤아리며〔推情測性〕, 움직임을 미루어 고요함을 헤아리고〔推動測靜〕, 자신을 미루어 남을 헤아리는〔推己測人〕 추측의 방법이 나온다. 여기서 확인할 수 있듯이, 최한기에게 추측은 삶의 모든 영역에서 사람이 사람 되는 까닭이라고 할

📜 격물

주희는 《대학》에 나오는 '격물'이 외부의 사물이나 사태에 나아가 그 속에 내재되어 있는 이치를 파악하는 공부를 뜻한다고 보았다. 그는 모든 사물이나 사태 속에는 이치가 내재되어 있고 마음은 이런 이치를 파악할 수 있는 역량을 갖고 있다고 생각했다. 주희의 격물은 외부 사물의 이치를 매개로 자기 본성을 실현하는 방식이라고 말할 수 있다.

정도로 근원적인 의미를 갖는다.

그런데 인간의 본질적인 부분을 구성하는 추측은 그 자체가 하늘의 영역은 아니다. 천도天道, 즉 하늘의 길은 사람의 길인 인도人道의 표준으로서 천지운화의 길이라고 할 수 있다. 이 길의 운행과 변화, 곧 운화는 '유행流行'으로도 불리는데, 이러한 유행은 인간과 전혀 무관하게 그 자체로 움직인다. 하늘은 말없이 움직이면서 사계절을 변하게 하고 낮과 밤을 순환시킬 뿐이다. 이러한 유행의 길을 유행의 이치라고 하며, 이것은 운화의 이치와 동일한 의미를 가리킨다. 인간의 노력이나 의식, 지식과 무관하게 그 자체로 운행과 변화의 길을 가고 있는 것이 유행의 이치인 것이다.

이에 비해 추측은 철저하게 인간의 소관이다. 비록 추측의 능력은 선천적으로 주어진 것이지만, 그것을 일상에서 발휘하는 문제는 전적으로 인간의 책임이다. 우리가 삶에서 동일한 상황에 처해 있더라도 이치를 추측하는 역량은 사람마다 다르기 마련이다. 따라서 제대로 추측을 하는 사람과 그렇지 못한 사람 사이에는 성공과 실패, 선과 악의 차이가 발생한다. 최한기에게 선과 악은 삶과 역사를 초월한 선험적인 절대의 영역이 아니라 인간이 제대로 추측을 했느냐에 수반되는 결과적인 가치에 불과하다. 다시 말해, 사람의 추측 이전에 선이 선험적인 기준으로 주어져 있는 것이 아니라 올바른 추측을 통해 사태와 소통하게 될 때 그것이 선이 된다.

추측이 인간의 문제라면, 추측이 적절한지 올바른지 판단하는 객관적인 기준이 필요하다. 만일 이런 기준이 없다면 누구나 자신의 추측이 정당하다고 강변할 수 있다. 추측의 객관적인 기준은 바로 우리 외부에 있는 천지운화다. 마음 안에는 유행의 이치가 선험적인 본질로 있는 것이 아니라 추측의 능력만이 있다. 따라서 추측의 능력으로 파악한 추측의 이치는 우리 외부에 있는 유행의 이치인 천도를 기준으로 그 타당성을 점검해야 한다. 마음의 추측은 그 자체가 내면적인 정신 작용이기 때문에, 만일 객관적인 근거와 증험이 없으면 공허한 데로 빠지기 쉽기 때문이다.

> 처음 학문을 배우는 학생을 가르칠 때는 추측으로 발동을 삼아야 한다.
>
> 《인정(人政)》

최한기에게 학문이란 다름이 아니라 추측을 배우는 것이다. 추측을 제대로 하여 천지의 운화에 합치되면 선하고 올바른 것이며, 그렇지 않으면 반대가 된다. 만일 유행의 이치와 추측의 이치가 합치되지 않는다면, 이것은 유행의 이치가 추측의 이치에 부합되지 않은 것이 아니라 추측의 이치가 자신의 기준인 유행의 이치에 부합하지 않은 것이다. 이 양자 사이에 틈이 없을 정도로 추측을 잘하면 바로 성인이 되고, 학생은 그러한 성인처럼 추측을 잘하려고 배우는 것이다.

지각의 경험을 바탕으로 이뤄지는 미룸과 헤아림의 과정은 단지 관념적인 것이 아니라 실제적인 증험, 곧 삶에서 확인하는 경험을 함축한다. 이와 같이 추측이 삶의 증험을 함축할 수 있는 것은 바로 기의 운화를 그 객관적인 기준으로 삼아 추측의 잘못을 시정할 수 있기 때문이다. 이러한 검증을 통해 추측이 성실誠實한 상태에 이르면, 자신을 닦고 집안을 가지런히 하며 나라를 다스리고 천하를 평안케 하는 일[修身·齊家·治國·平天下]이 모두 추측 가운데서 달성된다. 역으로 이러한 과제가 제대로 실현되지 않는다면, 우리의 추측이 제대로 이뤄지지 못한 데 그 원인이 있는 것이다.

통하고 또 변통하라

우리는 자신을 잘 이해하는 사람에게 서로 마음이 잘 통한다고 말한다. 우리의 마음은 서로 통하기 위해 노력한다. 물론 원칙적으로 사람의 신기와 외부의 신기는 본래 통해 있는 상태다. 사람의 생존 자체가 내외의 보편적인 신기가 상통하는 가운데서 일어나기 때문이다. 이러한 원초적인 통함을 벗어나 실제 통함의 문제는 우선 몸의 감각기관과 관련된다. 최한기는 《신기통》이라는 저서에서 외부 세계와 통하는 몸의 감각기관을 '모든 구멍[諸竅]'으로 규정한다. 여기서 '구멍'이란 안과 밖이 통하는 열린 공간이다. 여기에는 눈의 목통目通, 귀의 이통耳通, 코의 비통鼻通, 입의 구통口通, 생식기의 생통生通, 손의 수통手通, 발의 족통足通, 감촉의 촉통觸通이 포함된다.

몸에는 이미 통한 신기가 있고 또 통할 수 있는 감각기관〔諸竅〕
이 있다. 몸 밖에는 또 통함을 증험할 수 있는 만물이 있다.

《신기통(神氣通)》

최한기에 따르면, 통하는 길에는 감각기관의 형질로 통하는 길
과 추측으로 통하는 길이 있다. 전자는 우리가 감각기관을 가지
고 외부 세계와 통하는 방식이다. 가령 빛깔은 눈이라는 기관으
로 통하고 소리는 귀로 통하며 냄새는 코로 통한다. 만일 각 기관
이 관련되는 감각대상과 제대로 통하지 못하면 감각경험이 제대
로 이뤄지지 않은 것이다. 또한 사지四肢와 몸도 외부의 접촉과
운동에 통한다. 만일 사지와 몸이 없다면 우리는 외부의 사람이
나 물건과 접촉할 수 없을 것이다. 사실 이러한 형질의 통함을 거
쳐서 추측의 통함이 발생한다. 형질의 통함이 우리의 경험을 구
성하며 이러한 경험에 기초해서 추측을 하는 것이기 때문이다.

이처럼 형질의 통함이 추측의 통함보다 앞선다는 것을 최한기
는 '행위가 먼저고 앎이 나중〔先行後知〕'이라고 표현한다. 그에게
는 귀로 듣고 눈으로 보며 손으로 잡고 발로 움직이는 모든 것이
행위다. 다시 말해 일상생활에서 감각기관을 매개로 이뤄지는
모든 경험을 그는 행위로 본 것이다. 예를 들어 어린아이는 사물
의 이치에 대한 추측의 작용을 하기 전에 우선 몸으로 행하면서
세계를 경험한다. 그러한 행위가 앎보다 먼저 삶에서 쌓이는 법
이다. 추측의 통함이 형질의 통함에 기초하여 발생하기 때문에
형질의 통함이 제대로 작동해야 한다. 이러한 형질은 사실 신체

적인 장애만 없다면, 대개 동일하게 부여받는다. 이에 비해 추측의 통함은 감각경험에 대한 분별과 상호 비교를 한다는 점에서 사람마다 다르다. 이것은 추측의 과정 자체가 개인마다 다르기 때문이다.

외부의 감각 대상이 감각기관을 통하여 들어오면 신기, 곧 마음에 그것이 물들어 저장된다. 그리고 마음은 자신에게 저장되어 있는 경험의 자료를 통해 이것과 저것을 비교하는 추측의 작용을 하는 것이다. 결국 형질의 통함도 추측의 통함도 궁극적인 주체는 신기가 된다. 비록 감각기관의 매개를 거쳐야 하지만 그러한 감각경험을 주재하는 주체는 신기이기 때문이다. 형질로부터 신기에 통하기 때문에, 형질의 눈에는 신기의 눈이 있게 되고 형질의 귀에는 신기의 귀가 되는 식이다. 만일 신기가 통하는 방식을 깨친 사람이 백두산의 장엄한 광경을 보고 온 친구와 대화하다 보면, 친구의 눈이 본 것이 자신의 눈과 통하여 마치 자신이 본 것같이 될 것이다. 이런 방식으로 우리는 남과 맺는 접촉 속에서 신기의 무한한 '변통'을 만들어낼 수 있다.

최한기는 통하는 대상에 따라 통함의 가치가 달라진다고 보았다. 다시 말해 통함 그 자체가 무조건 좋은 것은 아니며, 무엇에 통하느냐가 중요하다. 사사로운 이기심에 통하는 것은 통하지 말아야 할 것에 통하는 격이다. 최한기는 통함의 문제를 공간적인 비유로 설명한다. 예를 들어 자신만의 신기에만 통하면 자신만 알고 남을 알지 못하며, 한 마을에 있는 사람이나 물체의 신기에 통하면 신기가 한 마을의 범위로 한정된다. 따라서 통하는 범위가 멀고도 넓으면 우월하고 선한 것이며, 통하는 범위가 가깝고 좁으면 열등하고 악한 것이 된다. 최한기는 경험의 범위가 확대되어감에 따라 세계에 적합한 길을 찾는 일이 더 수월하다고 보았다.

경험의 범위가 확대되는 과정에서 우리는 하늘과 사람의 영원한 길(常道)이나 이치와 통하려고 노력해야 한다. 우리의 신기가 모든 개체와 통하는 영원한 길이나 이치와 통할 수 있다면, 우리 역시 외부의 모든 존재나 사태와 적절하게 통할 수 있기 때문이다. 이것은 개인이 경험하는 외부 세계와 통하는 대상에 따라 신기가 유동적으로 변한다는 점을 보여준다. 우리의 마음은 고정되지 않고 우리의 신체와 추측이 통하는 내용에 따라 변형된다. 만일 우리가 통하는 것이 영원한 길에서 어긋나거나 그 길에 미치지 못한다면 신기 역시 막히게 된다. 이처럼 통해야 할 것에 막혀서 통하지 못하는 것을 통하게 하는 일이 바로 변통이다.

> 인사人事의 막힌 부분을 변화시켜서 변통할 수 없는 천지의 신기神氣에 통하게 하는 것이 진정한 변통이다.
>
> 《신기통(神氣通)》

변통이란 사람의 일이지 하늘의 일이 아니다. 우리가 기존의 경험에 기초해서 이룬 추측의 통함이 올바른지는 삶에서 끊임없이 부딪히는 사물과 사태에서 부단히 증험해야 한다. 만일 남과의 교제에서 통하지 못하면 남의 실정을 알 수 없고, 물산物産에 통하지 못하면 그 재료를 융통할 수 없으며, 화폐나 기계에 통하지 못하면 그 쓰임을 바라볼 수 없으며, 교화敎化에 통하지 못하면 악을 감화시켜 선으로 나가게 하지 못한다. 이와 같이 삶에서 막힘의 경험을 했다면, 우리는 자신의 추측을 다시 반성해서 새롭게 변통시켜야 한다. 우리의 추측이나 지각을 외부의 사물과 사태에 의거해서 증험하지 않는다면 허잡虛雜한 경지에 쉽게 빠지기 때문이다.

변통이란 막힌 부분을 변화시켜 통하게 하는 것이므로, 통하지 않은 곳이 없는 하늘은 변통이 필요 없다. 변통할 수 없는 천지의 신기를 가지고 변통하려 한다거나, 변통할 수 있는 사람의 일을 변통할 수 없다고 여긴다면 변통을 잘못 알고 있는 것이다. 최한기의 변통은 궁극적인 기준이 되는 천지의 신기, 곧 천지의 운화를 전제하지 않으면 가치중립적인 용어가 된다. 이 경우 변통은 선이 될 수도 있고 악이 될 수도 있는 유동적인 변화의 사태를 말하는 것에 불과하다. 예를 들어 악한 일로 변통하게 되면 사악하게 되고 만다. 하지만 최한기가 지향하는 변통은 우주의 운화를 기준으로 자신의 한계를 변화시켜 신기가 갖고 있는 본래적인 소통의 역량을 실현하는 일이다.

대동의 꿈

최한기가 부단한 자기 변혁의 변통을 통해서 이루려는 목적은 대동 大同의 꿈이다. 대동이란 말 그대로 거대한 하나가 되는 세계, 곧 분열과 대립이 아니라 협력과 조화의 세계를 건설하는 것이다. 최한기가 살았던 시대는 서구의 자본주의가 제3세계를 침략해 식민지를 건설하던 약육강식의 시기였다. 열강이 통상을 명분으로 군함과 대포를 동원해서 국가의 문을 억지로 열어도 힘이 없으면 어쩔 수 없었다. 우리나라의 경우도 흥선대원군興宣大院君, 1820~1898의 쇄국 정책이 한계에 다다랐을 때 일본에 의해 강제로 개항을 하게 된다. 개항이란 특정한 항구를 개방하는 것이지만, 실제로는 국가 전체를 외국에게 개방하는 의미를 갖는다. 이러한 강제적인 개항을 계기로 조선은 결국 외국의 열강들에게 휘둘리다가 나중에는 일본에 의해 멸망하게 된다. 이러한 혼란과 격변의 시기에 최한기는 대동의 꿈을 구상했다.

원래 대동이란 유교 경전 《예기禮記》의 한 편인 〈예운禮運〉에 나오는 용어다. 거기서 공자는 대동을 대도大道가 실현된 이상적인 고대의 세계로 표현하고 있다. 이러한 대동의 세계에서는 천하를 공공公共의 것으로 생각해 각자 자신의 부모나 자식만을 위하지 않았고 도둑이 없어 대문을 닫는 일이 없었다. 이에 비해 대도가 사라진 이후에는 천하

🏯 **대동**

중국에서는 캉유웨이(康有爲, 1858~1927)가 《춘추공양전》에 나오는 역사발전론, 곧 삼세설(三世說)을 통해 대동을 미래의 이상세계로 제시했다. 그에 따르면, 혼란의 시대[據亂世]·태평으로 상승하는 시대[升平世]를 거쳐 도달한 태평의 시대[太平世]가 바로 대동이 실현된 세계다. 그의 대표작인 《대동서(大同書)》에서는 모든 괴로움의 원인을 아홉 가지 경계[九界]에서 찾고, 그러한 경계가 모두 사라진 이상향으로 대동의 세계를 그리고 있다.

를 사사로운 집으로 여겨 자신의 부모와 자식만 위하며 전쟁이 발생하고 예禮와 인仁이라는 인위적 덕목을 받드는 소강小康의 세계가 펼쳐진다. 원래 대동의 세계에서는 예와 인으로 대변되는 공동체 윤리가 필요 없을 정도로 공공의 평화와 질서가 갖춰져 있다고 상상한 것이다.

최한기는 이처럼 조화와 협력 속에 통일되는 대동의 세계를 기의 보편적 통일성과 역사의 진보에 대한 믿음에 기초해서 주장한다. 우선 최한기는 우리의 몸을 단지 개체적인 차원에서만 보지 말고 하늘과 땅이라는 자연, 타인과 사물에 이르기까지 우주 안의 모든 존재로 확장하라고 주문한다.

> 하나의 기〔一氣〕의 범위를 통괄적으로 보아 천지와 인물을 하나의 몸으로 삼고, 만고의 인도人道를 통론하여 옛날과 지금과 훗날의 사람을 나의 일생으로 삼아야 한다. …… 온 세상의 인도와 학문을 통합하는 방법으로 대기운화라는 기준과 근거가 있게 되었다.
>
> 《인정(人政)》

우리의 몸은 개체의 형질에 의해서 제한을 받을 수밖에 없다. 외관상 남과 나를 구분시키는 이러한 형질의 제한을 넘어서기 위해서는 보편적인 하나의 기를 통해 자신의 마음을 넓혀야만 한다. 곧 공간적으로는 개체적 자아를 외부 세계 전체로, 또한 시간적으로는 나의 삶을 과거나 미래로 확대해야 한다. 둘 다 우리의 견문이나 추측을 통해 자신의 개체적인 한계를 초월하는 확장이다. 다시 말해 이런 확장에는 집안을 미루어 국가를 헤아리고 국가를 미루어 천하를 헤아리며 현재를 미루어 과거를 헤아리는 추측의 과정이 전제된다.

최한기가 우리의 자아와 삶을 이처럼 확장하려 한 이유는 인도와 학문을 천하에 통할 수 있게 만들기 위해서다. 만일 개인에 한정되는 인도와 학문이라면, 그것은 개인을 넘어서자마자 통하지 못하여 막히게 될 것이다. 이처럼 막히는 인도와 학문으로는 나와 남이 하나로 통일되는 세계를 건설할 수 없다. 그 이전의 사상가들이 생각한 세계〔天下〕는 대개 중국 중심의 세계에 불과했지만, 최한기는 지구 전체에 대한 지식을 갖고 있었다. 따라서 그의 세계는 현재 우리가 지구촌이라고 부르는 지구 공동체와 유사하다. 그는 개인이 아니라 지구 전체에 통용되는 인도와 학문을 통해 대동을 지향한 것이다.

세상의 소식이 서로 통하지 않던 폐쇄적인 시대에는 사람들이 자기의 문화나 습속에 대해 만족하기 쉽다. 하지만 상호 왕래하면서 소통하게 되면 사정은 달라진다. 각종 물품을 교역하고 서적을 번역하며 견문을 전달하는 과정을 통해 자신의 한계와 문제를 파악할 수 있기 때문이다. 최한기는 만일 우리보다 나은 법제나 도구, 토산물이 있다면 당연히 그것을 취해야 한다고 주장한다. 그는 기존의 국가나 개인의 사고방식으로는 시시각각 변하는 세계에서 살아남을 수 없다고 판단했다. 비록 식민지를 건설하여 착취하던 강대국의 침탈에 대한 비판은 결여되어 있지만, 최한기는 조선 문명의 한계를 극복하는 방식으로 선진문물의 주체적인 수용을 중시했던 것이다.

최한기는 사람의 거주 지역에 따라 그 견문과 추측이 달라진다고 보았다. 따라서 자신의 생활 공간에서 익히는 경험이 사람의 마음을 구성하는 데 중요한 기초가 된다. 국가와 국가 사이에는 국경이 있어서 구분이 되듯이, 국가마다 처해 있는 지리적 조건과 그 생산물은 다를 수밖에 없다. 우리나라처럼 사계절이 분명한 나라가 있는 반면, 1년 내내 덥거나 추운 지역도 있다. 당연히 거기서 나오는 생산물이 다르며, 그러한 지리적 조건에서 형성된 행위와 습속 또한 다르게 된다. 하지만 이러한 작은 차이의 세계에 안주하다 보면, 서로 상이한 세계의 사람들이 함께 하는 대동의 세계는 불가능하다. 그렇다면 '작은 차이〔小異〕'에서 '커다란 동일〔大同〕'로 전환하는 길은 무엇일까?

> 우주 안의 모든 국가에서 소이小異는 풍토와 물산이고, 대동大
> 同은 신기의 운화다.
>
> 《기학(氣學)》

풍토와 물산의 한계 때문에 마치 우물 안의 개구리처럼 자기가 경험하는 세계나 선입견에 집착하기 쉽다. 우물 안의 개구리는 우물 밖의 세계를 알 수 없기 때문에 자기가 경험하는 세계에 갇힌다. 사람의 경우도 자신이 자라는 공간의 풍토라든가 자기가 받아들인 선입견에 따라 세계를 좁게 인식하기 마련이다. 이러한 작은 차이의 한계를 벗어나기 위해서는 공간이나 주관적 견해를 넘어서 존재하는 보편적인 기의 자리로 가야 한다. 우리 누구나 갖고 있는 신기의 운화는 보편적이며 상호 소통이 가능하다. 그러므로 이 운화를 따라서 자신의 주어진 조건의 한계를 넘어가다 보면 커다란 동일성의 세계에 도달할 수 있는 것이다.

하지만 대동의 운화를 받들어 따르는〔承順〕과제가 작은 차이를 전면적으로 부정하는 것은 아니다. 우리가 태어난 풍토와 물산의 조건을 완전히 부정한다는 것은 현실적으로 어려울 뿐만 아니라 바람직하지 않다. 그것은 우리가 적응하며 살아가야 하는 삶의 조건이기 때문이다. 문제는 그러한 특수성에 집착하여 자기 세계를 절대화하면서 외부 세계와 소통하지 못하는 폐단이다. 이러한 폐단을 극복하기 위해서는 보편적인 신기의 운화에 기초해서 상호 유동적인 소통의 관계를 회복해야 한다. 다시 말해 몸과 풍토, 물산처럼 주어진 조건을 부정하지 않으면서 그것을 초월할 수 있는 대동의 운화를 받들어 따라야만 하는 것이다.

대동의 운화를 받들어 따르면〔承順〕, 거기서 나오는 윤리와 정교政敎 역시 보편적인 가치를 가질 수 있다. 만일 대동의 운화를 받들어 따르지 않고 외면한다면, 그 윤리와 정교는 단지 특수한 지역이나 견해에 국한될 뿐이다. 특수성에 한정된 윤리와 정교를 펼치다 보면, 상호 교류하는 지구촌에서 서로 갈등과 대립의 관계를 형성하기 쉽다. 국가와 지역의 경계를 넘어서 보편적인 윤리와 정교로 다스려 사람이 모두 평안하고 즐거워하는 세계가 바로 대동이다. 이러한 대동의 이상을 국가와 국제 질서로서 현실화하는 일은 매우 어렵다. 그런 의미에서 최한기의 대동 세계는 냉엄한 국제 현실을 무시한 낙관적인 꿈에 불과하다고 비판받을 수도 있다. 하지만 상호 협력과 공존이라는 새로운 윤리의 지구촌을 건설하려는 대동의 꿈은 우리가 여전히 지향해야 하는 가치로 남아 있다.

다산과 혜강,
그 같음과 다름

교제와 교접

우리는 지금까지 다산과 혜강이 어떻게 기존의 학문체계와 주체의 구성을 반성적으로 숙고하고 대안을 제시했는지 살펴보았다. 새로운 사유가 모두 기존의 세계관에 대한 비판의 과정에서 성장하듯이, 이들의 새로운 학문은 기존의 학문 전체에 대한 반성 위에서 성립했다. 정약용과 최한기는 특히 조선 사회를 몇백 년간 이끌어온 성리학의 세계관에 대한 비판과 대안의 제시에 주력했다.

흔히 조선 후기의 학문 풍토를 생각하면, 사변적인 사유와 공허한 논쟁만 일삼는 성리학자들과 사회 현실의 문제에 밀착하여 개혁안을 제시한 실학자들이 대비되곤 한다. 그러나 중국 송대에 형성된 성리학이 발생 당시부터 근원적으로 공허한 학문이었거나 실천을 도외시했다고 보기는 어려울 것이다. 성리학 자체가 원래 기존의 도교나 불교를 공허하다고 비판하면서 자신의 정체성을 '실학'이라고 규정했기 때문이다.

하지만 성리학의 사유 구조에는 윤리적 실천을 내면으로 환원할 가능성이 있었다. 성리학에서는 우주의 생성 원리이자 보편적인 도덕성이 본성으로 내재한다고 보기 때문이다. 비록 사람과 동물, 생물 등의 구별이 있지만 이러한 본성을 본질로 공유한다고 본 것이다. 이러한 본성은 순선純善한 도덕적 법칙[仁·義·禮·智·信]이며 모든 존재를 관통하기 때문에, 인간과 자연은 원칙적으로 도덕의 원리 위에 구축된다. 만일 도덕적인 실천이 이뤄지면 그것은 본성의 실현이며, 그때의 마음과 육체는 본성이 실현되는 매개자 역할을 하는 셈이다. 따라서 성리학에서는 실천의 덕목보다는 본성 자체에 관심이 주어지며, 외물과의 관계가 부재한 순수한 마음[未發]의 영역이 설정된다.

따라서 성리학에서 외물과 맺는 실천의 위상은 미약하게 취급될 수 있다. 비록 성리학도 현실적인 인륜의 실천을 강조하고 있지만, 본성이라는 본질에 비해 실천은 부수적인 위상을 갖기 때문이다. 정약용은 바로 이러한 점을 문제 삼았다. 그는 본성이나 마음과 같은 내면의 논의가 행사行事, 곧 누군가와의 관계에서 실천을 하기 위한 것이라고 보았다. 정약용에게 삶은 남과 함께 살아간다는 의미다. 이처럼 그는 인생사의 관건인 남과의 교제를 선과 악이 발생하는 지점으로 판단한다. 다시 말해 선과 악은 나 자신의 내면이 아니라 남과의 실천적 관계에서 결정되는 것이다.

> 인·의·예·지라는 실천적 덕목의 명칭은 행사 이후에 성립한다.
>
> 《맹자요의(孟子要義)》

자신의 마음이나 본성만 잘 보존하거나 길러도 모든 실천을 잘할 수 있다면, 당연히 내성적인 관조에 몰두하기 마련이다. 그렇지 않고 남과의 관계에서만 덕목이 성립하는 것이라면, 우리의 관심은 외부 존재와 맺는 실천적 관계로 향할 것이다. 불의한 돈이나 음식을 앞에 두고 부끄러운 마음이 들더라도 그것을 실제 거부하지 않는다면, 그 부끄러워하는 마음의 근원〔性〕만을 캐 들어가서 '의롭다〔義〕'고 할 수는 없다. 사람의 인성은 선을 좋아하는 마음의 욕구에 불과하다. 곧 마음에는 인·의·예·지의 덕을 실천할 수 있는 가능성만 있다. 이러한 본성의 욕구는 외물과의 관계에서 실천을 통해 충족되어야 하는 것이다.

정약용은 실천적 덕목의 명칭을 가장 나중에 위치 지운다. 다시 말해 선을 좋아하고 악을 미워하는 욕구〔嗜好〕로서의 본성〔性〕, 선을 할 수도 악을 할 수도 있는 선택과 의지의 마음〔權衡〕, 마지막으로 육체와 관련하여 선을 하기는 어렵고 악을 저지르기는 쉬운 실천〔行事〕이 있는 것이다. 우리의 삶에서 비록 마음속으로는 선한 마음을 갖고 있더라도 그것을 실제 행동으로 옮기는 일은 어렵다. 정약용은 단지 내면적인 관조를 통해 이러한 간극을 극복할 수 있다고 보지 않았다. 선을 향한 욕구인 본성에 기초하는 것 이외에 주체적인 선택과 결단, 그리고 육체적인 실천의 과정까지 가야 비로소 덕이 성립하기 때문이다.

그런데 이처럼 달성하기 어려운 덕의 실천은 나와 남, 사람과 사람 사이의 다양한 사회적 관계에서 요청된다. 정약용에게 아버지와 자식, 임금과 신하, 관리와 백성 등 모든 인간관계는 나와 남이라는 일대일 관계의 확장이다. 가령 나는 누군가의 아들이면서 누군가의 남편이며 누군가의 직원일 수도 있다. 이런 식으로 우리는 다양한 일대일 관계를 맺고 있다. 이러한 사회적 관계에서 자기 직분에 맞게 실천을 한 뒤에야 비로소 덕이라는 사후적인 명칭이 성립할 수 있는 것이다. 국가의 행정 제도와 법률, 관리의 자세 등에 대한 정약용의 실제적인 관심과 대책은 이러한 사고에 기초한다.

> 교접운화交接運化로 말미암아 선악善惡과 허실虛實의 이름이 생긴다.
>
> 《인정(人政)》

최한기는 마음, 곧 신기가 몸에서 운화할 때는 강약强弱과 청탁淸濁이 있고 외기外氣와 교접하면 선악과 허실이 생긴다고 보았다. 즉 자기 자신의 몸 내부적으로 신기가 운동과 변화를 일으키는 점에서 강약과 청탁은 있지만 선악은 없는 것이다. 외부의 사물과 교접하는 관계 속에서 비로소 선악과 허실의 개념이 발생하기 때문이다. 이런 관점에서 그는 선험적으로 마음에 주어진 이치를 가지고 일에 응접하고 사물을 주재하는 법칙으로 삼는 성리학적 입장을 유아론적〔主我〕이라고 비판한다. 곧 성리학이 외부 존재와의 관계 속에서 성립하는 선악의 개념을 선험적인 마음이나 원리로 환원시킨다는 점에서 유아론적이라고 비판한 것이다.

최한기의 이러한 관점에서 보면, 행사라는 외부적 실천으로 공부를 해야지 잘못을 줄일 수 있다. 그는 인·의·예·지의 덕목이 심기心氣의 운화에 해당하는 조목이라고 본다. 다시 말해 인·의·예·지의 실천적 가능성은 심기운화에서 찾지만, 마음 자체에서 일어나 실천을 먼저 구하는 방식은 거부한다. 우선은 사물의 운화를 마음 밖에서 얻어 마음에 간직하고, 그것을 기반으로 추측하여 상황에 따라 실천해야 하는 것이다. 그러므로 하나의 사태와 사물을 만났을 때 기의 운화, 곧 기화氣化를 제대로 추측하느냐의 여부에 따라 선과 불선不善이 나온다. 만일 추측을 잘해서 통하게 되면 선이 되는 것이요, 그 반대면 불선이 된다.

결국 최한기는 기화라고 하는 객관적인 표준에 부합했느냐의 여부로 선악의 발생을 설명한 것이다. 자신의 추측에 따라 외부 사태와 접하는 방식이 달라지기 때문에 선과 악의 선택은 결국 우리 자신의 책임이다. 만일 외부와 교접하는 과정에서 추측을 제대로 못 해서 막힘이 발생하면, 자기 내면이 아니라 외부의 운화를 파악하는 데서 그 원인을 찾아야 한다. 이러한 방식으로 끊임없이 외부로 시선을 확장하면서 개인적인 한계를 초월하는 것이 최한기의 해법이다. 결국 선과 악은 주관적인 마음이나 선험적인 원리가 아니라 외부 사물과의 관계에서 객관적인 운화를 기준으로 발생하는 파생적인 관념이 되는 것이다.

정약용과 최한기는 교제와 교접이라는 외부적인 관계를 중심으로 윤리적인 가치의 문제를 생각했다. 이것은 선험적인 도덕성이 내면의 본질로 내재한다고 보는 성리학적 사유에 대한 비판과 극복의 의미를 갖는다. 선험적으로 설정된 원리를 부정함으로써 그들은 모두 타자 지향적인 방향으로 세계를 바라보고자 한 것이다. 격변의 조선 후기에서 보면, 두 사람의 교제와 교접은 무엇보다도 고통받는 조선 민중을 위한 것이다. 민중에게 자신의 직분을 다하여 실천을 했는지, 그들의 삶에 맞게 책임을 졌는지 하는 반성적인 책임의식이 교제와 교접의 논리에 담겨 있기 때문이다. 이와 같이 최한기와 정약용은 내면으로 환원되지 않는 교제와 교접의 실천을 강조했다는 일반적인 의미에서 실학적인 사유 방식을 공유했다.

무형의 마음과 유형의 신기, 그 상이한 직통

최한기와 정약용이 비록 넓은 의미에서 실학적 사유 방식을 공유한다고 인정하더라도, 그들의 사유체계는 구조적으로 상이하

다. 이러한 구조적인 차이의 정점에는 그들이 생각한 궁극실재가 놓여 있다. 존재의 원인이자 의미의 원천인 궁극실재를 어떻게 설정하느냐에 따라 사유가 달라지기 마련이다. 종교적 세계관에서는 의미의 원천인 궁극실재와의 관계를 통해 실존적 변화와 성숙 또는 구원까지 도모하기 때문에 궁극실재는 중심적인 주제가 된다. 이처럼 관건이 되는 궁극실재 문제에 대해 두 사람은 상이한 대답을 제시한다.

우리가 이미 보았듯이, 정약용은 궁극실재로서 상제를 내세운다. 상제는 고대 유교 경전인 《시경》이나 《서경》 등에 주로 나오는 인격적인 신을 말한다. 중국에 천주교를 전파하려던 마테오 리치는 이러한 고대의 상제를 천주교의 천주와 유사하다고 해 부각시킨 적이 있다. 지금도 중국에서는 그리스도교의 하느님God을 '상제'로 번역한다. 이런 면을 보더라도 상제가 인격신으로 인식되어온 유교 전통을 알 수 있다. 물론 유교 본래의 상제, 특히 정약용의 상제는 그리스도교의 하느님과 동일한 성격을 갖는 궁극실재는 아니다. 정약용의 상제에는 천당지옥설이나 영혼불멸 등 그리스도교의 핵심 요소가 배제되어 있기 때문이다.

하지만 인격신인 정약용의 상제 역시 만물을 창조하고 주재하는 역량을 가진 궁극실재다. 전통적으로 상제와 천天은 유교 전통에서 혼용되기도 한다. 하지만 정약용은 물리적인 푸른 하늘과 그것의 주재자로서의 하늘을 명확히 구분한다. 그에게 자연의 하늘은 별 의미가 없다. 주재자로서의 하늘이 바로 상제와 동일한 의미를 갖는 궁극실재인 것이다. 이 상제는 천지의 만물을 만들고 조화롭게 운행시킨다. 상제의 이러한 조화의 능력은 상제가 갖고 있는 영명한 주재력에 기반한다. 정약용은 상제의 본성을 표현하는 핵심적인 용어로 영명靈明을 제시하는데, 이것은 상제가 갖는 신령한 지각과 인식의 능력이라 할 수 있다.

정약용은 성리학의 이기론理氣論을 벗어나서 만물을 주재하고 살펴볼 수 있는 영명한 하늘을 설명한다. 성리학의 전통에서 하늘은 무엇보다 이치[理]와 동일시된다. 비록 상제를 마주하는 경건한 자세[對越上帝]를 부정하지는 않았지만, 하늘의 존재론적 근거는 이치에서 찾았다. 결국 성리학은 하늘에서 인격신적인 주재자의 성격을 희석시키고자 한 것이다. 하지만 정약용에게 의존적인 속성에 불과한 이치는 영명한 지각의 능력이나 위엄이 없다. 이처럼 이치는 만물에 의존하는 부수적인 위상을 갖기 때문에 당연히 주재력을 발휘하는 궁극실재가 아닌 것이다.

정약용의 하늘은 기氣로도 설명되지 않는다. 정약용은 기로 대변되는 물질적 존재가 만물의 생성 원리이거나 주재자일 수 없다고 보았다. 물질적 존재에게는 지각의 능력이 없기 때문이다. 이런 의미에서 그는 성리학에서 생성 원리의 한 축을 이루는 음양오행설을 철저하게 비판한다. 그에게 음양과 오행은 만물을 생성시키는 실재가 아니라, 단지 부수적인 속성이거나 구체적인 사물에 불과했다. 이처럼 기의 실재성을 부정하는 정약용은 귀신鬼神처럼 감각기관으로 파악되지 않는 무형의 존재를 음양의 기로 설명하는 성리학의 견해 역시 비판한다. 그에게 귀신은 천지에 퍼져 있으면서 영명함을 가지고 있다는 점에서 상제와 상통한다. 정약용은 이러한 영명한 귀신의 종류에 상제를 보좌하는 천신天神과 사람이 죽은 뒤에 되는 인귀人鬼가 있다고 보았다.

정약용은 조화의 권능을 지닌 영명한 상제에 대해 자세한 분석을 하지 않는다. 다만 "하늘의 영명함은 사람의 마음에 직통한다[天之靈明, 直通人心]"고 말한다. 하늘은 비록 눈으로 볼 수도 귀로 들을 수도 없는 무형의 존재이지만 마음과는 직통한다. 직통이란 제3의 매개물이 없다는 뜻이다. 이러한 직통은 마음 역시 하늘과 마찬가지로 무형의 존재이면서 영명함을 지니고 있기 때문에 가능하다. 이른바 하늘과 사람이 서로 감응하는 사태[天人相感]는 철저하게 무형의 마음을 통해 이루어진다. 따라서 정약용의 경우 궁극실재와의 관계 속에서 모색하는 실존적 변화와 성숙은 영명한 마음에 기초해서 추구된다.

하지만 최한기의 경우 사람은 하늘과 기를 매개로 직통한다. 사람의 심기는 다른 것이 아니라 보편적인 신기神氣로서의 마음이다.

사람의 심기는 천기와 직통한다[人之心氣, 直通天氣].

《기학(氣學)》

여기서의 직통은 신비하거나 내밀한 합일의 체험이 아니라, 하늘의 대기가 코의 호흡을 통해 몸 안에 들어와 인간의 생명을 영위케 하는 것이다. 이러한 직통은 하늘과 사람의 생리적인 연관 현상에 가깝다고 해야 할 것이다. 하지만 최한기에게 천지운화를 대변하는 천기는 궁극실재와도 같은 위상을 차지한다. 우리가 쉽게 간과하지만 천기가 직통하지 않으면 모든 사람은 죽는다. 그러므로 호흡을 통해 이뤄지는 천기와의 직통은 생명을 유지시키는 성스러운 상호 작용을 뜻한다.

천지 만물의 생성과 변화를 기의 운화에 의해 통합적으로 설명하는 최한기는 신이나 귀신의 존재 역시 기의 현상으로 풀이한다. 곧 그는 신을 우주와 세계를 벗어난 초월적인 존재로 설정하려는 태도를 거부하고, 기의 정령精靈이 바로 귀신이라고 말한다. 최한기에게 신神은 기가 드러나 펼쳐지는 현상을, 귀鬼는 기가 돌이켜 돌아가는 현상을 의미하는 것에 불과하다. 그에게 천지운화의 기는 활동운화라는 본성에 의해 스스로 만물을 생성하고 변화를 일으키는 자기원인적인 궁극실재다. 따라서 이러한 기를 벗어나서 생성과 변화의 원인을 무형의 신이나 귀신에게 돌리는 관점은 기의 운화에 무지하기 때문에 발생하는 것이다.

우리가 보았듯이, 기를 매개로 하늘과 사람의 직통을 논의하는 최한기의 입장은 무형의 영명한 하늘을 설정하고 무형한 마음과 직통한다고 본 정약용의 견해와 완전히 상이하다. 최한기는 유형한 기가 모두 운화의 신묘함[神]과 조리의 이치[理]를 갖는다고 보았다. 따라서 사람이 품부받은 기의 운화에도 유형의 신묘함과 유형의 이치가 있게 된다. 그런데 이러한 기의 실상에 대하여 제대로 추측하지 못하기 때문에 무형의 신과 이치에 빠지는 것이다. 결국 최한기의 눈에 정약용의 영명한 하늘은 유형의 기의 운화를 모르고 무형의 원인을 관념적으로 설정한 존재에 불과하게 보인다.

자연과 인간, 물리와 윤리

최한기가 우주 안의 모든 존재의 생성과 변화를 기의 운동과 변화로 설명했다는 점은 이미 언급했다. 기의 운화를 개인적 차원의 일신운화, 사회적 차원의 통민운화, 우주적 차원의 천지운화로 구분한 것도 우주의 각 영역을 통합적으로 이해하려는 그의 의도를 보여준다. 비록 세 가지 차원의 구분이 있지만, 모두 기의 운화라는 점에서 본질적인 차이가 있는 것은 아니다. 이와 같이 최한기처럼 유형의 기라는 측면에서 세계의 모든 존재를 파악한다면, 인간의 고유성은 어디에 있을까? 그리고 사람과 사람 사이의 윤리적인 실천의 존재론적 근거는 어디에 있는가?

최한기의 기에는 형질의 기와 운화의 기가 있다. 전자는 지구·달·해·별·사람·개·돼지·풀·돌 등의 개별적인 존재의 기이며, 후자는 추위·더위·건조 등의 유동적인 기후를 말한다. 그런데 그는 결국 활동운화하는 기가 본질적인 위상을 갖는다고 보았다. 개체로서의 형질의 기는 개체의 생성과 성장을 함께 하지만 소멸되면 결국 다시 운화의 기로 돌아가기 때문이다. 최한기는 서양 과학의 기계론적인 사유에 영향을 받았다고 평가되지만, 그의 존재론은 여전히 유기체적 사유 방식에 의존하고 있다. 다시 말해 자연이나 물질의 세계가 하나의 기계처럼 간주되어 인간이나 정신에 종속되는 기계론적 사유와는 다르다.

최한기의 유기체적인 세계관에서는 모든 존재의 생성과 변화의 존재론적인 근거가 운화의 기이기 때문에 인간만의 고유성을 존재론 차원에서 구하기는 쉽지 않다. 그는 하늘과 사람이 본래 하나인데 운화의 기를 알지 못하기 때문에 형체에 가려 구분된다고 본다. 이러한 입장에는 '자연적인 합일'과 '인간적인 구분'이라는 이중적인 도식이 작동하고 있다. 사실 천지의 대기는 피부를 매개로 사람의 몸과 끊임없이 안팎으로 교류하기 때문에, 자연적인 합일은 일상적으로 경험하는 현상이다. 그렇다면 천지 운화와 합치하지 못하는 막힘은 자연의 영역이 아니라 인간의 일이 된다.

최한기에게 인간의 고유성은 추측의 역량에 있다. 추측이란 인간의 개체적 한계를 초월하게 하는 사유 작용으로서 신기의 활동이다. 그런데 이러한 추측의 기능은 사람이면 누구나 갖고 태어난 것이지만, 추측의 역량이 실제 발휘되는 양상은 사람마다 다르기 마련이다. 최한기는 이러한 차이의 발생을 우선 선천적인 기질의 우열에 돌린다. 곧 자신이 태어난 자연환경과 부모가 신기의 선천적인 조건을 제약하게 된다고 본 것이다. 가령 그는 사람을 평가할〔測人〕 때 심덕心德, 체용體容, 문견聞見, 처지處地보다 선천적인 기품氣稟을 중시했다. 그리고 기품을 강약强弱과 청탁淸濁으로 구분하여 점수화하기도 한다.

하지만 선천적인 기질의 조건을 중시한 최한기가 기질의 후천적인 변화 가능성을 완전히 부정한 것은 아니다. 그는 운화에 따라 기질의 치우침을 고쳐서 나약한 것은 강하게, 틀린 것은 바르게 고칠 수 있다고 보았다. 또한 형질상에 나쁨[惡]이 있더라도 외부 사물이나 사람과 교접하는 가운데 변통을 하여 선을 향하게 되면 형질의 나쁨이 그 선을 해치지 못한다고 생각했다. 이와 같이 그는 후천적인 추측과 변통을 통해 기질을 교정[矯氣質]하는 길을 열어두었다. 그러므로 사람을 기품의 단계로 구분하여 평가한 그의 입장을 기질의 숙명적 결정론이라고 단정할 수는 없다.

형질의 한계를 극복하게 하는 추측의 사유 작용은 당연當然의 이치를 낳는다. 당연이란 마땅히 그래야 하는 당위적인 사태나 상태를 뜻한다. 하지만 이러한 당연은 추측의 결과물이란 점에서 우월과 열등, 순수와 잡됨의 구별이 있게 된다. 이러한 구별이 생기는 것은 당연이 표준으로 삼고 있는 자연과의 괴리 때문이다. 자연이란 물리적 대상인 자연현상 자체를 말하는 것이 아니라 스스로 그러한[自然] 유행의 이치를 말한다. 하지만 자연의 이치는 천지운화라는 자연현상에 내재한 이치이므로, 결국 그것은 물리적인 자연과 별개는 아니다.

> 자연이란 천지가 유행하는 이치이고, 당연이란 마음이 미루고 헤아리는[推測] 이치다. 학자는 자연으로 표준을 삼고 당연으로 공부를 삼아야 한다. 자연이란 하늘에 속하니 사람의 힘으로 어찌할 수 있는 것이 아니고, 당연은 사람에 속하니 이것으로 공부해야 한다.
>
> 《추측록(推測錄)》

'자연과 당연' 사이의 괴리는 '자연과 인간·인위'의 구분으로 치환될 수 있다. 이치로서의 자연이란 기의 운동과 변화가 이뤄지는 조리를 말하며, 인간과 대비되는 자연이란 그러한 조리의 주체로서 인간을 포괄하는 우주적 자연을 말한다. 자연 그 자체는 어떠한 인위적인 노력이나 공부가 필요 없으며 스스로 생성하고 변화하는 역량을 지니고 있다. 결국 사람의 공부란 '인위의 당연'과 '자연의 이치' 사이에 존재하는 틈을 메우고 일치시키는 노력이 된다. 이러한 자연 중심적인 사유에서는 자연이 인간 보다 존재론적인 우위를 점하며, 자연은 결국 인간 삶의 표준인 궁극실재가 된다.

이에 비해 정약용은 철저히 인간중심주의를 견지한다. 그는 자연과 인간을 동일한 존재의 지평에서 보려는 시각을 인정하지 않는다.

> 하늘 아래 모든 사람은 잉태된 초기에 이 영명한 마음〔靈明〕을 받아서 만물을 초월하고 이용한다.
>
> 《중용강의보(中庸講義補)》

정약용에게 사람은 영명이라는 이성적인 사유와 반성의 능력을 갖고 태어났다는 점에서 존재론적으로 우월하며 자연물을 이용할 수 있는 권능을 갖는다. 이러한 맥락에서 그는 사람이 주인이고 자연물은 노예라고 여긴다. 사람은 육체를 자신의 부모로부터 받지만 영명한 마음은 하늘, 곧 상제로부터 부여받는다. 따라서 사람이 갖는 독존적獨尊的인 지위는 바로 상제의 속성인 영명을 지니고 있는 데서 구해진다.

영명한 마음을 근거로 인간 중심적인 사유를 하는 정약용의 입장에서는 인성人性과 물성 物性이 동일하다는 견해가 성립할 수 없다. 물론 사람도 목마르면 물을 먹고 배고프면 밥을 먹는 육체적 욕구를 동물과 공유한다. 하지만 인간의 고유한 본성과 가치는 동물의 세계와 연속적일 수 없다. 예를 들어 개가 밤을 지새우며 도둑을 보면 짖고 똥을 먹는 것은 그것이 개의 본래 모습이기 때문이다. 반면 사람은 영명이라는 사유 능력을 갖고 태어났다. 사람의 고유한 가치는 바로 이 영명한 마음이 선을 좋아하는 욕구를 가지고 있다는 데 있다. 선을 좋아하는 윤리적 욕구인 본성은 다른 존재가 갖고 있지 못하는 고유한 '인성'이다. 즉 사람은 개나 돌 같은 자연적인 존재와 본질적인 차이가 나는 본성을 갖는 것이다.

자연과 인간의 분리를 주장하는 정약용은 당연히 자연의 물리物理와 인간의 윤리를 연속적으로 보지 않는다. 곧 그는 보편적인 이치나 기를 통해 물리와 윤리를 통합시켜 보았던 성리학이나 기철학과 달리 윤리의 고유성을 강조했다. 그에 따르면, 물리와 윤리의 연속적인

👑 인성과 물성

조선 후기 성리학자들 사이에선 인간과 동식물의 본성이 같은지에 대한 논쟁이 활발했다. 인간의 본성을 인성, 동식물의 본성을 물성이라 할 때, 인물성동론(人物性同論)은 인간과 동식물의 본성이 같다고 주장하고, 인물성이론(人物性異論)은 다르다고 주장한다. 인물성동론의 대표 학자는 이간(李柬, 1677~1727), 인물성이론의 대표 학자는 한원진(韓元震, 1682~1751)이었다. 인물성동이 논쟁은 학자들의 거주 지역에 따라 '호락(湖洛) 논쟁'으로도 불린다.

사유는 윤리적 실천을 저해하게 된다. 예를 들어 사물의 이치를 알아야만 윤리의 실천을 제대로 할 수 있다고 한다면, 사물에 대한 탐구가 우선적으로 추구될 것이다. 만일 그렇다면 요·순 같은 성인도 사물의 이치를 다 알 수 없어서 윤리의 실천을 제대로 하지 못할 수 있다. 이런 부조리를 방지하기 위해서 그는 윤리의 고유성에 기초하여 실천을 강조한다.

정약용은 기질이나 물질과 같은 자연적인 요소를 인간의 고유성과 분리해서 사고하기 때문에, 시각과 청각의 감각기관이나 육체가 윤리적 가치에 영향을 미친다고 보지 않는다. 예를 들어 선천적인 기질의 좋고 나쁨에 따라 그 사람의 선과 악이 결정된다면 그것은 자신의 책임과 무관할 수밖에 없다. 또한 눈과 귀는 외물과 접촉할 때 외부와 내면을 연결시키는 통로 역할을 할 뿐이며 선과 악은 윤리적 사유에 달려 있다. 다시 말해 마음의 고유한 기능인 윤리적 반성의 사유가 제대로 작동하면 감각적 경험의 자료가 선을 행하는 데 쓰이고, 제대로 작동하지 않으면 악으로 빠지게 되는 것이다.

정약용은 윤리적 실천을 주체적인 선택과 결단의 문제로 접근한다. 자연의 동물 가운데 원숭이가 효도를 하고 벌이 충성을 하며 원앙새가 정절을 지키는 듯이 보여도, 그러한 윤리적 덕목을 그들에게 인정할 수는 없다. 인간의 윤리적 덕목과 유사한 행위를 동물이 하더라도 그것은 선천적으로 주어진 본능의 모습에 불과하기 때문이다. 동물의 행위는 일정한 방향으로 고정되어 있으므로 유동적인 선택과 결단이 있을 수 없다. 이에 비해 사람은 내면의 분열과 갈등 속에서 고뇌하는 존재다. 유동적인 갈림 길에서 주체적인 선택과 의지〔自主之權〕를 발휘하기 때문에 사람은 그 결과에 대하여 윤리적인 책임을 진다.

인간의 고유한 윤리적 위상에 중심을 둔 정약용의 관점에서 보면, 최한기의 유기체적 사유는 윤리적 실천이 갖는 실존적 갈등과 책임의 요소를 간과하는 셈이다. 최한기는 윤리적인 갈등과 선택의 과정을 단지 기화를 제대로 인식했느냐 하는 인식의 문제로 환원함으로써 윤리적 가치의 고유성을 약화시키기 때문이다. 최한기 역시 선택에 따라 선과 불선이 갈린다고 보지만, 그 선택의 문제가 정약용의 권형처럼 인간 실존의 구조적인 요인이 되지는 않는다. 더욱이 최한기는 선천적인 기질의 자연적 조건을 추측의 역량에, 추측의 역량을 윤리적 실천에 결부시킨다. 정약용이 보기에 이런 입장은 윤리를 자연으로 환원시켜 인간의 고유한 주체성을 간과하는 것으로 보일 수 있다.

경학의 실학과 기학의 실학

흔히 '실학' 하면 우선 양반 중심의 신분 질서로 유지된 조선 후기 사회의 모순과 부패를 개혁해 민생의 안정을 도모하려는 현실 개혁적인 사조라고 할 수 있다. 이런 실학 사조에서 정약용은 토지제도와 행정기구의 구조 개혁을 주장하고 기술혁신과 상업 유통을 강조하는 등 총체적인 정치·경제적 개혁안을 제시했다는 점에서 '실학의 집대성자'로 평가된다. 그런데 그는 학문 차원에서 각종 개혁안을 구상했을 뿐만 아니라 유능한 관료로서 실제 한강의 배다리 건설이나 수원의 화성 축조 등의 사업에 참여하여 큰 공을 세웠다. 이런 의미에서 정약용은 국가 경영에 필요한 각종 실무에도 두루 능통한 유학자였다.

정약용은 조선 후기 당대 주류 지식인과 정치 세력이던 성리학자들을 시대의 요구〔時宜〕에 어두운 속된 유학자〔俗儒〕라고 비판한다. 그들은 이기理氣와 인의仁義 등의 문제를 현실과 동떨어진 채 논의하면서 시대적으로 필요한 현실적인 논의를 '잡학雜學'이라고 손가락질했기 때문이다. 이런 속된 유학자는 자기 명성이나 높이려 들고 진부한 이론과 보잘것없는 학설로 자신을 포장한다. 정약용에게 속된 유학자는 결국 공허한 사변적인 논쟁이나 거짓된 허위의식으로 자신을 속이고 남을 속이면서 민중의 고통을 외면하는 지식인이나 관료다. 이에 비해 참된 유학자〔眞儒〕의 학문은 본래 나라를 다스리고 백성을 평안케 하며 외적을 물리치고 국가 재정을 넉넉히 하고자 하는 것이다. 결국 참된 유학자는 문文과 무武 양면에서 필요한 업무를 모두 감당할 수 있는 유능한 인재였다.

> 육경六經과 사서四書로 자기를 수양하고 일표一表와 이서二書로 천하의 국가를 다스리게 하였으니, 근본과 말단이 갖추어졌다.
>
> 〈자찬묘지명(自撰墓誌銘)〉

스스로 지은 묘지명에서 정약용은 자신의 학문적 구조를 위와 같이 정리했다. 자기를 수양하는〔修己〕길은 육경과 사서에 대한 경전 해석을 통해, 백성을 다스리는〔治人〕길은 일표와 이서 의 구상을 통해 제시된다. 전자는 전통적인 학문 방식인 경학經學의 영역으로서 유교적인 인격의 주체성을 확립하는 내용을 담고 있다. 후자는 국가를 통치하는 경세학經世學의 영역으로서 행정과 사법, 그리고 엄격한 공직 윤리의 개혁안을 담고 있다. 결국 정약용은 평생 유교적인 세계관에 기초하여 자기 성찰적인 인격의 형성 방식, 그리고 조선 사회의 현실에 맞는 개혁안을 학문적으로 구축한 셈이다.

그런데 정약용은 자기의 수양을 근본이라 하고 사회·정치적인 개혁을 말단이라고 했다. 근본과 말단의 관계는 나무로 비유를 들자면, 뿌리와 열매라고 할 수 있다. 나무의 뿌리가 없다면 당연히 그 나무에서 열매가 열리지 않는다. 정약용은 원래 자기 내면에 침잠하는 당대 지식인을 비판하고 사회·정치적 개혁안을 구상했다. 하지만 그 역시 사회·정치적 개혁의 주체인 지식인 관료의 윤리적 주체성을 새롭게 구성하려 했던 것이다. 뿌리와 열매의 관계처럼, 윤리적인 자기 성찰의 자세가 확립되지 않은 인재가 추진하는 사회·정치적인 개혁은 결국 결실

🏯 **일표와 이서**

일표는 《주례(周禮)》를 전범으로 삼아 조선의 행정 체제를 새롭게 구상한 《경세유표(經世遺表)》를 뜻하고, 이서는 사람의 목숨과 관련된 형벌의 신중한 처리를 주문한 《흠흠신서(欽欽新書)》와 백성을 다스리는 관리〔牧民官〕의 윤리적 자세를 다룬 《목민심서》를 말한다.

을 맺기 어렵기 때문이다.

사회·정치적 개혁의 주체성을 확립하는 문제에서 정약용은 진실된 마음[實心]으로 하늘을 섬기는 자세를 제시한다. 그는 부모를 섬기고 어른을 공경하는 인륜, 예절·음악·형벌·정치·군대·재정 등의 국가 제도가 실천實踐과 실용實用의 학문 분야라고 보았다. 이러한 실천과 실용의 학문을 실현하는 인격의 내면적인 주체성을 확립하는 방식으로 하늘을 섬기는 외경의 자세가 등장한다. 정약용은 무능하고 위선적이며 무책임한 지식인과 관료를 변화시키기 위해서 삼가고 두려워하는[戒愼·恐懼] 인격의 주체성을 확립하고자 했다. 그가 내면의 은밀한 자리에서 하늘의 시선을 의식하는 신독의 공부를 주장한 것도 이러한 이유 때문이다.

정약용은 유교의 경전에 주석을 다는 경학에 여전히 의존해서 자신의 사상을 정당화했다. 유교 전통에서 인륜 질서와 사회 제도는 그 정당성의 근원이 유교의 성인에 있기 마련이다. 궁극실재인 하늘을 대신하여 언어를 통해 가르침을 전해주었다는 점에서 성인은 하늘과 같은 이상적 인격이었다. 따라서 성인의 말씀이 기록된 경전은 그 자체가 모든 사유의 원천이자 궁극적인 판단 기준으로 작용했다. 이런 맥락에서 정약용 역시 성리학이 구축한 경학 체계를 비판하고 극복하기 위해서 기존의 경학 전통에 의존할 수밖에 없었다.

하지만 최한기는 경학의 전통과 권위를 벗어나 자신의 주관적인 사고를 체계적으로 표현하는 근대적인 글쓰기 방식을 전개했다. 서구의 근대과학과 문물을 예민하게 섭취하던 그에게 전통의 경학적 세계는 격변하는 현실 앞에서 무력할 뿐이었다. 주공周公과 공자와 같은 성인도 시대의 현실에 맞게 참작하여 인륜과 정치의 도리를 밝혔기 때문에 영원한 스승이다. 이와 달리 자기 시대의 현실을 외면한 채 성인이 남긴 옛날의 자취를 절대화하여 숭상하는 상고주의尙古主義나 그 상고주의가 학문의 형식으로 표현된 경학은 과거에만 집착하는 꼴이 된다.

최한기는 성인이나 경전을 절대시하는 전통에서 벗어나 기의 운화를 궁극적인 기준으로 삼았다. 세계의 생성과 변화의 원인이 되는 기의 운화가 궁극적인 기준이므로, 특정한 역사의 좌표 속에 있는 성인이나 문자의 형태로 고정된 경전이 절대적인 권위를 가질 수 없었다. 따라서 그는 고대의 이상적인 정치나 인륜이 아니라 현재의 세계를 사유의 중심으로 삼는다. 끊임없이 변화하는 기의 세계를 기준으로 삼으면 당연히 지금의 운화〔方今運化〕가 과거보다 중요하다. 현실의 세계는 지나간 과거가 아니라 지금의 운화에 기초해서 이해해야 하기 때문이다.

이러한 사고에 따라 최한기는 서양의 자연과학과 문물을 창조적으로 흡수하여 시대의 변화에 맞는 새로운 학문을 구상하고자 했다. 그의 철학적인 사유를 담은 대표적인 저서로는 몸과 감각 기관이 외부 세계와 통하는 방식을 규명한 《신기통》, 추측의 구조와 방식을 논의한 《추측록》, 기의 운화를 중심으로 보편적인 학문을 제시한 《기학》, 운화를 받들어 따라서 이상적인 정치 질서를 모색한 《인정》 등이 있다. 이 저서들은 모두 최한기 자신의 새로운 사유가 고유한 문체와 개념으로 표현된 글이다. 그는 이 저서들을 통해 조선 사회에서 유례를 찾아보기 어려울 정도로 독창적이고 체계적인 글쓰기 방식을 보여주고 있다.

> 천하 학문의 옳고 그름을 통괄하여 그 우월과 열등을 논해서 정할 때, 천하 민생이 실용하는 바와 천하의 정치가 반드시 행해야 할 바처럼 형체가 있어서 잡을 수 있고 사물에 처해서 증험할 수 있는 것을 실학實學으로 삼는다.
>
> 《기학(氣學)》

현실에 맞는 참된 이치[實理]에 따라 앎을 확충해 세계를 다스리고자 한다면, 참된 이치의 근본이 되는 운화의 기, 그리고 앎을 확충하는 요체가 되는 추측에 기반해야 한다. 이러한 원칙에 따라 이뤄지는 학문이 바로 최한기가 생각한 참된 학문, 곧 실학이다. 실학이 실제 작동하는 영역은 민생과 정치로 귀결된다. 결국 사회와 국가, 더 나아가 세계의 차원에서 민중의 안정된 삶과 관련된 각종 사무事務를 처리할 수 있는 학문이 실학이다. 민생과 정치는 잡을 수 있는 형체와 증험할 수 있는 사물이 있기 때문에 실학의 영역이 된다. 반대로 그러한 형체와 사물이 없다면 실학이 아니라 허학虛學이다.

실학은 옳고 또 우월한 학문이기 때문에, 사회와 국가를 이끄는 인재 역시 이런 실학을 배우고 등용되어야 한다. 최한기는 특정한 학파의 문도에만 한정되는 학문, 정교政敎와 분리된 채 추구되는 학문이 하늘과 사람을 통일시키지 못하게 한다고 비판한다. 민중을 다스려 평안하게 만드는 도리로 학문을 하고 그러한 실학을 시행하는 방법으로 적당한 인재를 등용해야 한다. 그러한 인재는 과거와 외부 세계의 견문을 두루 참작하여 당대 현실에 적합한 시행 방법을 만들고, 민중의 소원을 잘 헤아려서 그것을 실현시키는 길을 찾기 위해 노력한다. 최한기는 이러한 인재의 공정한 등용을 통해 하늘과 사람, 학문과 정교가 하나가 되는 이상적인 사회와 정치의 실현을 꿈꾸었다.

최한기의 실학을 규정하는 데 중요한 기준이 되는 '유형有形'이란 개념은 사람이 세계와 소통하는 데 핵심적인 매개가 된다. 추측을 통해 세계의 운화와 소통하려는 학문은 세 가지로 나뉜다. 첫째는 무형을 미루어 무형을 헤아리는 허황된 학문, 둘째는 유형을 미루어 무형을 헤아리거나 무형을 미루어 유형을 헤아리는 의혹스런 학문, 셋째는 유형을 미루어 유형을 헤아리는 성실誠實과 유형의 학문이다. 이 세 번째가 바로 최한기가 생각한 실학을 뜻한다. 궁극 실재인 기의 본성은 운화이며 유형이다. 따라서 그러한 기와 소통하려는 마음의 추측 역시 유형과 유형의 관계에서 이루어져야만 실학이 된다.

🏯 **사무**

최한기는 사람이 인생에서 통해야 하는 것으로 17가지의 사무를 들고 있다. 이러한 사무는 근본적으로는 나의 신기가 남의 신기와 통하는 것이다. 17가지는 인륜(倫綱)·인(仁)·의(義)·예절·음악·형벌·정치·경사(經史)·기술(記述)·선비·농부·장인(工)·상인·재용(財用)·산수(算數)·역상(曆象)·기명(器皿)이다. 이러한 사무들은 현대의 분류 체계로 보면 도덕, 정치, 경제, 문화, 예술, 천문 등의 영역을 모두 포괄한다.

민생과 정교라는 통민운화의 영역에서 적절한 행사를 하려면, 우선 추측의 결과로 마음속에 '형체'가 형성되어야 한다. 다시 말해 마음이 천지운화의 기를 본받을 때 그 유행의 이치가 마음 속에 자신의 형체를 드러내야 한다. 마음속에 형성된 형체가 있어야〔成形于中〕 그것을 외부의 사물에 시행했을 때 사물의 신기와 마음의 신기가 하나로 통하게 된다. 마음에 형성된 형체는 지금 식으로 말하면 실천적인 상상력에 가까울 듯하다. 운화의 객관적인 이치가 추측을 통해 구체적으로 파악된 것이 바로 형체이기 때문이다. 형체가 마음에 형성되면 그것은 그림이나 학설로 표현할 수도 있다. 그림과 학설로 표현된 마음속의 형체는 나뿐만 아니라 남도 보고 분명하게 깨달을 수 있어야 형체의 형성이 완비된다.

만일 그림이 충분하지 못하면 학설로 보충하고 학설이 미진하면 천지의 운화로 보충해야 한다. 그림이 표현하기 어려운 형체는 학설이 드러내주고 학설이 담기 어려운 형체는 운화로써 그 신묘함을 전해준다. 하지만 항상 살아서 움직이는 그림〔活圖〕인 활동운화의 기 전체는 한정적인 추측의 그림과 학설로 다 표현할 수 없다. 기는 끊임없이 새롭게 변화하기 때문에 기존의 그림과 학설은 전체를 담지 못한다. 이런 의미에서 최한기는 《기학》의 학설로 살아 움직이는 그림의 참모습에 비추어 고치거나 보완한다면 후세 사람도 마음에 형체를 이룰 것이라고 본다. 최한기는 이와 같이 어느 특정한 시점에서 완결되는 닫힌 학문이 아니라 미래로 열려 있어 발전하는 실학으로서 기학의 체계를 제시했다.

우리는 지금까지 조선 후기의 대표적인 사상가 정약용과 최한기의 새로운 학문과 주체의 구성에 대해 살펴보았다. 우선, 정약용은 나와 남이 맺는 사회적 관계를 삶의 중심으로 설정하는 인생관에 기초하여 고유한 학문체계와 주체 구성을 제시했다. 곧 그는 사회적 현실의 부조리와 민중의 고통을 외면하는 사변적인 학문이나 당파적인 논쟁을 비판하고, 민생의 안정과 국가의 부강에 필요한 실용적이고 개혁적인 학문을 제안했다. 더 나아가 그는 인류의 실천을 자기 마음으로 환원하지 않고 타인과의 관계에서 주체적인 선택과 결단을 통해 추구하는 윤리적 인격을 구상했다. 다시 말해 정약용은 정치 · 경제적인 개혁을 넘어서 진실한 마음의 윤리 주체를 통해 사회적 실천과 실용을 지향하는 자신만의 '실학'을 구성했던 것이다.

최한기는 세계의 변화를 열린 자세로 이해하고 그 흐름에 주도적으로 참여할 수 있는 학문과 주체의 구성을 보여주었다. 비록 우리의 근대화 과정에 적극적으로 활용되지는 못했지만, 그의 새로운 설계도는 동양과 서양의 새로운 융합의 가능성을 보여준다. 우선 최한기는 자연의 이치에 대한 올바른 추측을 통해 세계 변화에 예민하고 각종 실무에 능통한 변통의 주체를 구상했다. 더 나아가 그는 기의 운행과 변화라는 새로운 관점에서 기존의 학문을 비판적으로 반성하고, 운화를 기준으로 삼아 인간과 인간, 인간과 자연이 소통되는 대동의 세계를 지향하는 '실학'을 구상했다. 특히 최한기는 자신의 고유한 언어와 논리를 일관되게 제시한 창조적인 사상가라 하겠다.

우리는 정약용과 최한기로부터 개별 학문을 넘어서 인간과 사회, 우주를 아우르는 일관된 학문의 지향을 배우게 된다. 성리학의 선험적인 통일의 원리에서 벗어나 전개된 그들의 사유는 새로운 방식의 통합을 지향했다. 정약용의 인륜人倫, 최한기의 운화運化는 학문의 궁극적인 기준으로서 모든 분과를 포괄할 수 있는 위상을 갖는다. 우리 시대에 학문은 분화를 거듭하고 자신의 울타리 안에 갇혀 있기 마련인데, 분화가 진행될수록 통합이 더욱 절실하게 요구된다. 비록 인식의 편의상 개별 학문을 구분짓는 것이 가능하지만 삶은 실제로 구획될 수 없기 때문이다. 이런 맥락에서 통합의 시선으로 학문을 새롭게 바라보려 한 두 사람의 설계도는 좋은 지침이 될 수 있다.

일상에서 만나는 타인과의 관계에서 윤리적 실천을 지향하는 정약용의 입장은 진실한 마음으로 사람을 대하는 주체를 가르쳐준다. 곧 그가 제시한 주체는 극도의 자기 성찰과 타인 존중의 자세로 마치 하늘을 섬기듯이 남을 섬긴다. 이런 윤리적 주체는 사람이 돈의 지배 아래 상품화되기 쉬운 우리 사회에서 인간의 존엄과 자기 성찰의 의미를 되돌아보게 한다. 최한기는 나와 남의 경계를 넘어 소통하고 세계와 하나되는 주체를 알려준다. 곧 그가 제시한 주체는 올바른 추측과 부단한 소통으로 대동의 세계를 지향한다. 이런 변통적 주체는 국가와 민족, 자본과 종교 등의 차이로 갈등과 대립이 만연한 현대 사회에서 소통과 공존의 지혜를 숙고하게 한다.

우리가 보았듯이, 정약용과 최한기는 자기 시대의 문제를 해결하기 위해 기존의 학문체계를 총체적으로 비판하고 각자 고유한 학문과 주체의 구성을 제안했다. 곧 정약용은 인륜에 기초한 실천·실용의 학문과 진실하게 남을 섬기는 윤리적 주체를, 최한기는 운화에 기초한 보편적인 기학과 부단하게 세계와 소통하며 확장되는 변통적 주체를 구성했다. 현재 우리에게도 현대 학문체계와 삶의 방식에 대한 근본적인 성찰과 새로운 모색이 요청된다. 이런 의미에서 정약용과 최한기 두 지식인과 진지하게 대화한 독자 가운데 우리 시대의 학문과 주체를 새롭게 구상하는 또 다른 '정약용'과 '최한기'가 나오기를 기대해본다.

Chapter 3

丁若鏞

🎙 대화
TALKING

崔漢綺

정약용과 최한기 그리고 주희의 방송토론회

21세기 유교의 길을 찾아서

토론 참석자 주희, 정약용, 최한기, 21세기 방송국 사회자

토론 상황 때는 바야흐로 21세기 유교의 길에 대한 논쟁이 예정된 미래의 어느 날. 조선 문명의 지배 이념이던 성리학^{性理學}을 내세운 주희, 하늘을 섬기는 자세로 사람을 섬기는 추서학^{推恕學}을 주장한 정약용, 운화^{運化} 개념에 기초하여 기학^{氣學}을 창시한 최한기가 21세기 방송국 토론회에 참석하여 논쟁을 벌이고 시청자의 호응을 호소한다.

|사회자| 우선, 시간과 공간의 차이를 뛰어넘어 이렇게 상호 토론의 기회를 허락해주신 세 분께 감사의 인사를 드립니다. 이번 토론은 20세기의 근대 한국 문명이 이룩한 성과에 기초하면서도 근대 이전의 유교 전통 속에서 21세기를 담당할 만한 학문이 있는지 생각해보는 기회가 될 것입니다. 먼저 각 학문의 입장에서 간단한 인사말을 부탁드립니다. 유교 전통에 따라 연장자 순으로 인사말을 해주시기 바랍니다.

|주희| 사랑하는 시민 여러분, 성리학은 인·의·예·지仁·義·禮·智의 형이상학적인 이치[理]가 강물처럼 실현되어 만물일체萬物一體의 경지에 이르는 도덕적인 국가와 사회를 지향합니다. 돈이 신처럼 숭배되어 인간의 자유가 돈에 의해 규정되는 현대 사회의 병폐를 치유하고 인간 본연의 도덕적 본성을 온전히 실현하도록 노력하겠습니다.

|정약용| 존경하는 시민 여러분, 저의 추서학은 자신의 실존적인 내면의 경건성을 바탕으로 사회적인 관계에서 본분을 다하는 실천적 관계의 구축을 시대의 사명으로 여기고 있습니다. 무엇보다 인격의 하늘에 대한 믿음에 기초하여 나와 남의 관계 속에서 자신의 선한 본성을 거짓되지 않게 실천하는 공동체을 추구합니다.

|최한기| 시민 여러분, 안녕하십니까? 저는 기학을 창시한 최한기입니다. 우리가 함께 만들 21세기에는 동양과 서양의 문명이 상

호 소통을 통해 새로운 통합의 문명과 학문을 구성해야 할 책무가 있습니다. 저의 기학은 동양의 기와 서양의 기가 서로 조화를 이루어 각자의 장점을 변증법적으로 섭취하는 대동의 지구촌을 상상합니다.

|사회자| 그럼 이제 상호 토론에 들어가겠습니다. 어느 분이 먼저 발언하시겠습니까?

|주희| 제가 먼저 발언하겠습니다. 우선 정약용 선생에게 유감의 말을 해야겠군요. 일부 추서학자들이 성리학에 대해 갖가지 근거 없는 비방을 하고 있는 것으로 알고 있습니다. 인간의 평등을 기치로 내건 근대 이전의 사회에서 신분 차별의 위계질서는 어디에나 있기 마련입니다. 성리학이 다스리던 조선 사회 역시 이러한 차별적인 사회 구조를 벗어나지 못했다는 것은 부인하지 않겠습니다. 그러나 그것은 어디까지나 과거의 일이며 이제는 더 이상 그러한 식의 사회적인 차별을 정당하게 생각하지 않습니다. 붕당을 만들어 서로 갈등과 반목만 하다가 조선의 정치를 망쳤다는 비판도 온당치 않습니다. 이념과 현실 사이에 괴리가 없을 수 없으며, 일부의 폐단을 가지고 성리학 전체를 부정하는 자세는 옳지 않습니다.

성리학의 붕당 정치나 공허한 논의 때문에 조선이 망하게 되었다는 논리는 일본제국주의가 조선을 식민지로 만들기 위해 지어낸 유언비어입니다. 성리학은 본래 세계의 실재성과 인륜의

중심성을 '이치'라는 도덕적인 궁극실재를 통해 정당화하고 구축하려는 이상을 갖고 있습니다. 이러한 이치가 갖는 현실성과 진실성으로 인해 우리의 성리학을 스스로 '실학實學'이라 부르기도 합니다. 진실이 이러한데도 추서학자들은 우리 학문이 공허하고 쓸모없는 논쟁만 일삼는 허학虛學이라고 비판하고 있습니다. 우리는 인·의·예·지의 영원한 도덕적인 이치가 온전히 실현되는 윤리적인 세계를 꿈꿉니다. 그런데도 추서학의 일부 인사들은 터무니없이 서구적인 근대의 관점에서 성리학의 소중한 전통을 매도하고 있습니다.

│정약용│ 성리학을 대표하시는 주희 선생께서는 불만이 많으신 것 같습니다. 사실 저야말로 성리학에 대하여 할 말이 많습니다. 물론 개인적으로 저는 주희 선생에 대해 항상 존경의 마음을 갖고 있습니다. 선생께서는 문장이나 훈고에 빠져 있던 유교를 실존적인 성숙과 반성을 통해 성인이 될 수 있는 형이상학 체계로 변화시켰습니다. 특히 사람의 실존적인 고뇌를 표현한 인심人心과 도심道心의 논의를 중시한 것은 역사에 길이 남을 만한 공로라고 봅니다.

하지만 저는 성리학이 역사의 책임을 져야 한다고 판단합니다. 주희 선생께서는 조선 후기 성리학자의 부조리하고 부패에 빠진 행태와 본래적인 성리학의 이념을 구분해야 한다고 주장하고 계십니다. 하지만 조선왕조 500년은 바로 성리학과 성리학자가 지배한 역사였습니다. 그러한 역사의 말기에 갖가지 잘못된 행태가 발생해 결국 조선이란 국가는 멸망의 길을 걷게 되었고, 민중들의 고통은 이루 다 말하기 어려울 정도였습니다. 비록 성리학 비판의 논의가 일제의 식민지 정당화 논리와 유사하더라도, 남의 탓을 하기보다 우선 자신의 잘못부터 반성하는 게 옳습니다. 자기 성찰을 중시하는 태도가 사대부 본연의 모습이 아닙니까? 무능하고 부패한 관료, 현실과 무관하게 사변적인 논쟁에 빠진 지식인이 바로 성리학자들이었으니 조선의 멸망에 책임을 지는 것은 당연하다고 봅니다.

게다가 형이상학적인 이치가 본성으로 내재한다고 보는 성리학의 논지는 인간의 실존적인 모습과 삶의 현장을 외면하는 가능성을 구조적으로 내포하고 있습니다. 그러한 선험적인 이치는 자기 내면 속에 본래적인 심층의 세계를 구성하기 때문에, 모든 사태의 이치와 신비적인 합일을 지향하게 만듭니다. 이러한 방식으로 본성을 실체화하고 형이상학화하는 것은 인간의 실천적 주체성과 책임의식을 희석시키게 됩니다. 이처럼 구조적인 사유의 문제가 있기 때문에 공허하다는 비판을 받는 것입니다.

|주희| 정약용 선생께서는 성리학의 '이치'가 모든 존재의 근원이자 의미의 원천이 될 수 없다고 하면서 부정하고 있습니다. 좀 전에 우리의 사유체계가 실존적인 주체성을 망각하게 만든다고 하셨는데, 그것은 지나친 몰이해입니다. 우리가 내면의 심층에서 본성의 자리를 구하는 것은 역설적으로 그만큼 현실 세계의 모든 행위를 적절하게 실천하고자 하는 열망 때문입니다. 우리

의 삶 앞에는 부딪치고 겪어야 할 무한한 사태가 놓여 있습니다. 그러한 사태에 맞게 반응할 수 있는 선천적인 원리가 본성에 잠재되어 있지 않다면 어떻게 일일이 자연스럽게 대응할 수 있겠습니까? 본성은 밝은 거울과 같기 때문에 자신의 사사로운 마음만 깨끗이 지우면 본래의 잠재적인 실천 역량이 모든 사태에 따라 저절로 실현될 것입니다.

|**정약용**| 주희 선생께서는 자신과 성리학에 가해지는 비판이 불편하신 듯합니다. 마음을 누그러뜨리고 차분하게 저의 논지를 이해해주시기 바랍니다. 타자를 이해하기 위해서는 있는 그대로 상대의 의견에 귀 기울이는 열린 자세가 필요하다고 봅니다.

저 역시 성리학의 이치가 유교적인 인륜 질서를 형이상학적으로 정당화하기 위한 개념이라는 점을 공감적으로 이해합니다. 그러나 그러한 이치의 목적이 되는 현실 세계의 인륜적 실천을 망각하고 내면에서만 이치 자체의 영원한 의미를 추구하는 자세가 문제입니다. 조선시대 성리학자들이 벌인 갖가지 논쟁이 사변적인 문제에 치중하면 할수록 윤리적 실천은 오히려 관심에서 멀어졌습니다. 사변적인 접근은 소수의 지식인들에게 지적인 만족을 줄 수는 있지만, 그 자신이 관계를 맺는 구체적인 타인에 대해 진정으로 고민하지 못하게 만듭니다. 자기 내면 안에 모든 실천의 원리가 내재되어 있다고 한다면, 비록 외적인 사물이나 사태의 이치를 궁구하더라도 결국 순수한 내면의 세계로 환원되기 때문입니다.

마음이란 거울처럼 완전한 순수성을 갖고서 외물과 접하여 대응하는 주체가 아닙니다. 우리는 선을 좋아하고 악을 미워하는 마음의 욕구인 본성을 갖고 있으며, 이러한 본성의 욕구는 반드시 외부 존재와의 관계에서 실현되어야만 충족됩니다. 본성에 윤리적인 관계의 가능성이 있더라도, 관념이 아닌 자신의 몸을 가지고 실천하는 윤리는 매우 어려운 일입니다. 삶은 그렇게 낙관적이지 않습니다. 우리는 매 순간 내면의 분열과 고뇌 속에서 선을 주체적으로 선택하고 결단해야 합니다.

|주희| 제가 보기에 오히려 내면의 움직임을 상제上帝라는 초월적인 인격신을 통해 통제하려는 추서학의 사유야말로 인간의 도덕적인 주체성을 부정하게 된다고 봅니다. 자기 외부에 존재하는 절대자의 시선이 무서워서 윤리를 실천한다면 그것이 어떻게 자신의 도덕적 가치가 될 수 있습니까? 인격적인 상제의 감시를 윤리의 체계에 도입하면 인간은 주체적인 주인이 아니라 보잘것없는 피조물에 불과하다고 봅니다. 그러한 관계에서 어떻게 인간의 주체적인 공부가 가능하겠습니까?

|정약용| 유교를 중흥시킨 대학자 주희 선생께서 추서학을 손쉽게 폄하하려는 사람들의 비방을 그대로 답습하고 계시니 안타깝습니다. 제가 요새 가장 오해받는 부분을 때마침 지적해주셔서 고맙습니다. 문제의 초점은 상제의 위상과 역할에 있는 것 같습니다. 주희 선생께서는 인격의 하늘인 상제의 감시 아래 행하는 윤

리적 실천이 인간의 주체성을 훼손하는 것이 아닌가 하고 의문을 제기하셨습니다. 하지만 상제의 유일한 관심은 우리가 선을 좋아하는 윤리적인 욕구인 본성을 일상생활에서 실천하는 일입니다. 우리의 마음속에서 일어나는 자기 반성적인 목소리가 바로 상제의 목소리입니다. 이런 의미에서 상제의 감시는 극도로 확장된 자기 성찰의 시선이라고 할 수 있습니다. 하늘을 향해 항상 두려워하고 조심하는 자세를 갖는 것은 결국 인류의 실천을 위한 자기 성찰의 공부입니다.

추서학에서는 성리학과 달리 인간의 주체적인 사유가 작동하지 않는 순수한 영역을 근원적으로 인정하지 않습니다. 형식적으로 보면 상제의 외재적 감시가 주체성을 약화시키는 듯이 보이지만 오히려 그 반대입니다. 성리학에서는 윤리적 실천 원리의 잠재성을 본성에 모두 부여하기 때문에 외재적 타자를 설정하지 않고 주체적인 실천을 지향하는 듯이 보입니다. 하지만 잠재적인 본성과의 관계가 핵심이다 보니 의식적인 자기 반성의 사유 또한 배제되기도 합니다. 이에 비해 추서학에서는 상제의 명령이 계시의 형태가 아니라 마음의 도덕적인 명령인 도심의 형태로 전달됩니다. 이런 의미에서 주체적인 자기 성찰과 경계의 자세가 지속적으로 요청됩니다. 이러한 자세를 어찌 주체성이 없다고 할 수 있습니까?

|주희| 저는 정약용 선생이 천주교 선교사인 마테오 리치의 논리에 빠져 있다고 봅니다. 아시다시피 리치는 선교 전략상 자신의

천주, 곧 하느님과 우리 유교 전통의 하늘[天]이 상통한다고 하면서 고대의 인격신인 상제를 부각시켰습니다. 그러면서 그는 성리학이 유교 본래의 의미를 망각했다고 부당하게 비판했습니다. 정약용 선생은 그가 지은 《천주실의》의 사유 방식에 중독되어 자기도 모르게 유교의 정통인 성리학을 부정하고 사실상 천주교의 영역으로 들어선 것 아닙니까?

|정약용| 추서학에서 강조하는 인격의 하늘은 고대 유교에서부터 있었던 궁극실재이므로, 그러한 상제가 바로 천주교의 천주와 동일하다고 보는 견해는 적절하지 않습니다. 물론 제가 젊을 때 리치의 영향을 받아 천주교에 심취한 적이 있었다는 사실은 부정하지 않겠습니다. 하지만 유교적 인륜의 핵심인 제사를 부정하는 천주교도의 자세를 보고 저는 천주교와 완전히 단절했습니다. 그런데도 정치적인 모함을 받아 결국 18년간이나 유배 생활을 했던 고통이 아직 가시지 않았는데, 현재까지 그런 식의 관점에서 접근하는 성리학자가 많다는 사실은 참으로 유감입니다.

　반대로 천주교에서는 상제의 감시를 하느님의 임재 臨在와 동일시하여 저를 천주교도로 간주합니다. 하지만 제가 말하는 상제는 숭배의 대상이 아닙니다. 다시 말해 비록 우주의 만물을 만들고 주재하시는 궁극실재이지만, 상제는 우리가 일방적으로 숭배해야 하는 절대적인 타자가 아닙니다. 게다가 상제는 도심의 형태로 내면에서 발현되는데, 이것은 절대타자인 신과 만나는 압도적인 경험과는 전혀 다릅니다. 또한 하느님에 대한 사랑에

기초하여 "네 이웃을 네 몸과 같이 사랑하라"는 성경의 사고와 동일하지도 않습니다. 가령 게으른 습관으로 누워 있으면 "누워 있지 마라!" 하고 일깨우는 것이 바로 상제가 도심을 통해 내리는 명령입니다. 이런 식의 명령은 그리스도교에서 상상하기 어려운 일상적인 내용입니다.

　저희는 효도와 공경[孝弟]과 같은 유교적 인륜의 덕목을 가장 중시한다는 점에서 그리스도교와 분명히 다릅니다. 물론 리치의 논리에 영향을 받아 우리의 사고 속에 흔적이 남아 있다는 점은 인정합니다. 예를 들어 이치를 의존적인 속성으로 파악하거나 자유의지를 강조하는 등의 입장은 《천주실의》에서 영향을 받은 것입니다. 하지만 본인과 추서학은 천당과 지옥의 내세와 심판, 영혼의 불멸과 예수의 부활 등 핵심적인 그리스도교 교리는 수용하지 않습니다. 사실 종교사의 맥락에서 보면 성리학 역시 불교와 도교의 형이상학과 수양론에 영향을 받아서 자신의 사유체계를 구성하지 않았습니까? 우리 역시 그리스도교의 자극을 받았지만, 그것을 창조적으로 수용했습니다. 외부의 새로운 사유를 통해 창조적인 변혁을 추구하는 일은 너무나 당연한 발전의 과정입니다. 영향 자체보다는 어떻게 주체적인 변혁을 이루었는지 보아야 한다고 생각합니다.

|최한기| 이거, 두 분만 서로 논쟁을 벌이고 계신데, 저도 발언할 기회를 갖겠습니다. 제가 보기에 성리학과 추서학의 핵심적인 주장은 그게 그거라고 생각합니다. 무형無形의 이치를 내세우는 성리

학이나 무형의 신을 주장하는 추서학이나 모두 세계의 궁극실재인 기의 운행과 변화를 제대로 모르고 있기 때문입니다. 이치와 신은 독립적인 실재가 아니라 기의 작용 양상을 기술해주는 부수적인 존재에 불과합니다. 그런데도 마치 선험적인 원리로서 이치가 기보다 먼저 있다고 보는 성리학은 그림자가 사람보다 먼저 있다고 주장하는 셈입니다. 또한 마치 우주 만물을 초월하여 주재하는 주인으로서 인격신이 있다고 보는 추서학의 태도는 인간적인 상상에 불과합니다. 그런 의미에서 둘 다 과거에나 통용되는 사고에 불과하며 새로운 21세기에는 전혀 어울리지 않습니다.

| 정약용 | 성리학은 이치를 내세우더니 기학은 오로지 기를 주장하시는군요. 성리학의 선험적인 원리를 부정하고 교제와 실천을 강조한다는 점에서 추서학과 기학은 상통합니다. 하지만 기학이 중시하는 기 역시 세계의 근원이 아니라 단지 물질적인 존재에 불과하다고 봅니다. 최한기 선생의 말대로 하면 세계의 모든 존재는 기의 변형이 되며, 신기神氣라고 하는 마음 역시 인간의 고유한 영역이 되지 못합니다. 다시 말해 기학의 논리에는 인간이 갖는 고유한 윤리적 가치와 우월적인 위상이 결여되어 있습니다. 만일 그런 식이라면 인간의 존엄성을 어디에서 구할 수 있겠습니까? 최한기 선생은 인간의 실존적인 고뇌를 간과한 채 너무 낙관적으로 세계의 동질성을 주장하는 것 같습니다.

| 최한기 | 저보고 낙관적이라고 하셨는데, 그렇다고 할 수 있습니

다. 저는 역사와 학문의 진보를 믿습니다. 시대가 흐를수록 사람들의 견문이 넓어지면서 추측의 내용 역시 진보하게 됩니다. 정약용 선생께서는 제가 인간의 고유한 실존적 문제와 윤리의 영역을 간과하고 있다고 평가하셨습니다. 저는 인간의 문제를 고립적으로 독립시켜서 접근할 필요가 없다고 봅니다. 인간 역시다른 만물과 마찬가지로 기의 운화가 낳은 자식입니다. 추서학에서는 인격적인 하늘과 연결지어 인간의 우월적인 지위를 강조하면서 자연을 단지 이용의 대상으로 여기는 걸로 압니다. 이러한 인간중심주의는 결국 자연에 대한 인간의 이기적인 착취를 정당화할 수 있습니다. 인간은 자연의 거대한 흐름 앞에서 겸손한 자세로 순응해야 합니다. 비록 선험적인 이치에 기반해서 만물일체의 꿈을 제시했지만, 성리학의 조화로운 윤리적 세계가그래도 자연 친화적인 사유라는 점에서 저와 상통할 수 있지 않을까 짐작해봅니다.

|정약용| 기학의 최한기 선생께서는 제 말의 논지를 제대로 파악하지 못하신 듯합니다. 제 말은 한마디로 사람의 윤리를 자연에서 찾지 말아야 한다는 것입니다. 사람은 자연의 자식이 아니라 주인이며, 윤리는 사람만의 고유한 문제입니다. 기학은 선천적인 기질의 조건에 따라 사람의 능력과 성향을 분류하거나 윤리적 실천의 문제를 논의하고 있습니다. 선천적인 기질의 우열에 따라윤리를 규정한다면, 이것은 윤리를 자연에 환원하는 태도입니다. 비록 인식 능력의 차이가 있더라도 윤리적 선을 향한 사람의 근

원적인 지향은 동일하며 차등이 있을 수 없습니다. 선과 악의 갈림길에서 고뇌하고 선택하는 자유의지가 도입되어야 윤리의 주체와 책임을 논의할 수 있습니다. 다시 말해, 윤리는 단지 인식의 문제가 아니라 주체적인 선택과 의지의 문제입니다.

이왕 비판하는 김에 유교 경전의 해석학, 곧 경학經學을 폄하하는 기학의 태도에 대해 말하겠습니다. 성인의 말씀이신 경전에 대한 해석을 통해 자신의 사유를 정당화하고 구축하는 것은 유교 지식인으로서 너무나도 당연합니다. 그런데도 최한기 선생께서는 서구의 근대적인 글쓰기 방식만을 추종하여 수천 년간 지속된 경전 해석의 전통을 쉽게 무시하는 것 같습니다.

|최한기| 정약용 선생의 지나친 자기 확신이 생산적인 대화를 막고 있는 느낌입니다. 우리 인간은 추측推測이라는 이성적인 사유 능력이 있기 때문에 공간과 시간의 제약을 벗어나서 기가 유행하는 이치를 추측할 수 있습니다. 굳이 인간의 고유성을 찾으라고 하면 저는 추측의 역량을 제안하겠습니다. 윤리적 실천의 문제도 그것이 올바른 추측에 기반하면 선이 되고 그렇지 않으면 악이 되는 것일 뿐입니다. 추측이라는 마음의 작용과 별개로 윤리의 영역이 있다고 보지 않습니다. 삶에서 막힘의 경험이 있으면 자신의 추측이 제대로 안 된 것으로 보고, 변통을 추구하여 소통을 해야 합니다. 제가 말하는 추측은 이성적인 추론 작용뿐만 아니라 윤리적인 공부까지 포괄합니다. 따라서 마음을 바로잡고 기질의 폐단을 교정하며 하늘을 섬기는 등의 공부는 모두 추측

의 영역에 해당합니다. 그리고 우리는 추측을 통한 변통變通의 가능성을 인정하기 때문에 윤리를 기질의 선천적인 조건에 완전히 종속시키지 않습니다.

정약용 선생께서는 제가 경학을 무시한다고 비판하셨는데, 저는 우리 시대가 경학의 방식을 인정하지 않는다고 믿습니다. 기존의 성리학과 추서학 모두 경학이라는 낡은 학문 방식을 답습하고 있습니다. 현대 사회에서 누가 유교 경전의 해석을 들먹이면서 세계에 대해 의미 있는 해석을 할 수 있겠습니까? 그러한 과거 지향적인 사고야말로 급격하게 변화하는 현대 세계에 적합하지 않은 것입니다. 유교 전통에서 주공周公과 공자孔子가 위대한 스승이 되는 것은 그분들이 자신의 시대에 맞게 전통을 참작하고 가감하여 변통을 했기 때문입니다. 그런데도 그러한 정신을 배우지 않고 경전이라는 낡은 흔적에 얽매여 경학이나 하면서 그 문제로 서로 싸우는 일은 참으로 한심할 뿐입니다. 경전의 권위 뒤에 숨어서 자신의 사유를 전개하는 경학은 비겁한 학자의 주석학에 불과합니다. 우리가 주체적인 학자로 당당하게 서기 위해서는 우리 자신의 눈으로 보고 우리 자신의 머리로 생각해서 나오는 새로운 언어와 논리가 필요합니다. 우리에게 중요한 것은 과거가 아니라 현재이며 경전의 말씀이 아니라 현실의 변화이기 때문입니다.

|사회자| 세 분의 열띤 토론은 참으로 흥미진진했습니다. 아쉽지만 정해진 시간이 있어서 더 이상 토론을 진행하기는 어려울 것 같

습니다. 정약용 선생의 비판에 대해서는 주희 선생께서, 최한기 선생의 비판에 대해서는 정약용 선생께서 반론을 해야 하지만 그럴 시간이 없군요. 하지만 시청자께서 각 학문의 핵심 주장을 면밀히 살펴본다면 반론의 내용을 미루어 짐작할 수 있으리라 봅니다. 간략하게 마무리 발언을 해주시기 바랍니다.

|주희| 지난 조선시대 말기에 서구 근대 문명을 만나면서 겪은 혼란과 고통으로 인해 저의 성리학은 구시대의 유물이나 전근대 봉건적인 사유체계로 비판받아 시민들한테 외면받고 있습니다. 근대적인 원리에 따라 정치와 종교, 종교와 교육이 분리되면서 사실상 정통 성리학의 사회적인 위상은 심하게 손상되었습니다. 사실 이러한 손상은 아직도 지속되어 성리학의 전통을 이어온 유림들은 여전히 사회로부터 외면받고 있습니다. 하지만 새로운 21세기에 성리학이 다시 부활해 동아시아뿐만 아니라 전 세계를 도덕적인 공동체로 만들고 자연과 인간이 공존하는 데 크게 기여할 것입니다. 서구적 근대문명의 긍정적인 성취를 주체적으로 흡수하여 거듭난다면 성리학은 21세기에도 의미 있는 보편적인 학문이 될 수 있을 것이다.

|정약용| 조선의 성리학 체제가 붕괴되고 맞이한 근대적 격변 속에서 근대화는 곧 서구화였으며, 당연히 기존의 유교 문화는 구시대의 유물로 배척되어 전통으로 겨우 잔존해 있을 뿐입니다. 이러한 유교의 몰락은 전적으로 성리학의 무능과 무책임에 기인합

니다. 그러한 몰락으로 인해 근대화 과정에서 얼마나 고통을 겪었습니까? 그런데도 아직 정신을 못 차리고 태연히 부활을 주장하고 있습니다. 성리학이 진정으로 부활하고자 한다면 먼저 진정으로 죽어야 할 것입니다. 저의 추서학은 각자 자신의 자리에서 자신의 직분을 제대로 실천하면서 인류 질서가 확립된 사회와 국가를 추구합니다. 현재 세계적으로 서구의 역사적 근대가 갖는 서구중심주의, 근대중심주의에 대한 반성이 확산되고 있습니다. 우리는 보편적인 추서推恕의 윤리에 기초해서 폭력적인 서구적 근대문명과 다른 새로운 유교 문명을 창출해야 합니다.

|최한기| 보이지도 들리지도 않는 무형의 신이나 이치에 기대어 이상적인 공동체를 꿈꾸는 사고는 이미 시대적인 정당성과 효율성을 상실했습니다. 자본주의 경제 체제의 발전과 더불어 인터넷의 발달과 정보 교류로 인해 세계가 하나로 통합되는 21세기에 걸맞게, 평등하면서도 조화로운 근대 이후의 세계를 건설해야 합니다. 저의 기학은 기존의 무능하고 시대착오적인 학문과 달리 세계의 변화와 현실을 가슴에 품고 패기있게 대동大同의 세계를 만들고자 합니다. 우리의 삶은 대개 소통보다는 막힘의 경험이 더 많습니다. 이처럼 막힘으로 인해 발생하는 각종 무능과 무책임, 갈등을 해결하기 위해서는 막힌 곳을 정확히 파악하여 시원하게 뚫어줄 수 있는 변통의 인재가 필요합니다. 세계와 부단히 소통하면서 자아를 확장시켜가는 기학이야말로 동양과 서양을 융합시키는 21세기의 설계도로 적합합니다.

|사회자| 21세기 유교의 길을 모색한 토론회에서 지금까지 솔직하고 진지하게 토론에 임해주신 세 분 선생님들에게 다시 한 번 감사드립니다. 저 역시 선생님들이 제시한 학문의 꿈이 온전히 실현되어 살기 좋은 지구촌 공동체를 만드는 데 보탬이 되기를 소망합니다. 지구촌의 시민 여러분, 오늘의 토론회를 관심있게 지켜봐주서서 고맙습니다. 우리의 21세기에 적합한 유교의 길이 무엇인지 함께 고민해보시기 바랍니다. 우리가 선택하는 학문이 바로 우리의 미래를 결정하게 될 것입니다. 그럼, 안녕히 계십시오.

丁若鏞

ISSUE

崔漢綺

유교는 '종교'일까?

태극기 열풍과 종교적 상징의 망각

2006년 6월, 한국 사회는 독일에서 열린 월드컵의 열기로 붉게 물들었다. 거리는 월드컵에 출전한 한국 대표팀을 응원하기 위해 모인 인파로 넘쳐났다. 한반도를 넘어서 세계 곳곳에 흩어져 살고 있는 동포까지도 같은 시간대에 텔레비전을 보거나 광장에 모여 한마음으로 응원했다. 2002년 한일월드컵 때부터 우리는 한국의 축구 경기가 있는 날이면 지역과 계층의 차이를 넘어 하나가 되어 응원하는 문화를 만들어가고 있다. 대부분의 사람들이 만족보다는 불만으로, 희망보다는 절망으로 살고 있는 팍팍

한 현실에서 축구 경기는 흥겨운 축제처럼 우리를 하나가 되게 만들고 있는 셈이다. 이런 의미에서 축구는 단지 하나의 운동 경기가 아니라, 일시적으로나마 국민 전체를 하나로 융합시켜주는 종교의 역할을 한다고 말할 수 있다. 비록 오래 지속될 수 없는 꿈과 같더라도, 마치 국가 사이의 합법적인 전쟁과도 같은 축구 경기를 통해서 우리는 국민의 자긍심과 일체감을 느끼곤 한다.

월드컵의 열기와 함께 대한민국의 상징인 태극기 역시 새로운 의미로 태어났다. 젊은 남녀들은 태극기 문양을 활용해 두건을 만들기도 하고, 심지어 치마로 사용하기도 했다. 운동장에서 애국가가 연주될 때 펼쳐지는 초대형 태극기는 우리의 마음을 흥분시키기에 충분했다. 이처럼 태극기는 어느덧 우리의 일상에서 당당하고 자랑스러운 상징으로 다가왔다. 2002년 한일월드컵에서 펄럭이기 시작한 승리의 태극기는 국제통화기금IMF 관리 체제 아래서 경제적인 고통을 겪고 그로 인해 자부심에 상처 입었던 한국의 부활을 의미했다. 실제 근대 국가를 지향하는 과정에서 탄생한 태극기는 영광보다는 시련과 굴욕의 세월을 더 많이 경험했다. 국민 사이에서도 태극기는 평소에는 잊고 있다가 국경일에나 기억하거나 국가가 강제로 주입하는 국민 교육의 대상에 불과했다. 비록 일시적이기는 하지만 그러한 태극기가 이제는 자발적인 긍지와 즐거움의 상징으로 변하게 된 것이다.

우리는 이러한 태극기의 열풍 속에서 그동안 잊고 있었던 태극기의 유래와 종교적 의미를 한번 짚어볼 필요가 있다. 우리가 그토록 자랑스럽게 여기게 된 태극기의 원래 의미에 대해 알고 있거나 알려고 하는 사람은 그리 많지 않다. 대개의 국민은 별 생각 없이 그냥 관성적으로 태극기를 국가의 상징으로 받아들이고 있을 뿐이다. 많은 나라들이 근대 국가로 접어드는 시점에 자기 나라를 상징하는 국기를 제작하게 되는데, 조선 역시 외국과 국제 관계를 맺는 교류를 할 때 조선을 상징하는 국기가 필요하게 되었다. 결국 1882년에 대한제국의 고종高宗, 1852~1919 황제가 조선의 국기로서 태극기를 직접 창안하고 도안을 한다. 그리고 일본으로 파견되어 가던 박영효朴泳孝, 1861~1939가 고종의 명령으로 태극기를 처음 제작하여 사용한다. 그 이후 일제 강점기를 거쳐 해방 이후에도 태극기가 우리나라의 국기로 정착하게 된다.

그런데 우리나라의 파란만장한 근대사를 함께한 태극기는 원래 유교적인 의미를 함축하고 있다. 《주역》〈계사전繫辭傳〉에 나오는 '태극'은 우주의 생성과 변화를 발생시키는 음양의 근원으로서 궁극실재의 위상을 갖는다. 특히 주희가 태극을 우주적인 이치〔理〕와 동일시하게 되면서 태극은 모든 개체 안에 내재해 있는 통일적인 본질의 의미를 갖게 된다. 이러한 태극은 우주적인 생성의 원동력일 뿐만 아니라 모든 사람의 존재 이유이자 궁극적인 삶의 의미를 제공하는 종교적인 궁극실재였다. 현재 사용하는 태극기 중앙에 파랑과 빨강이 오묘하게 결합되어 있는 원(☯)은 음과 양을 포괄하는 태극을 상징한다. 그리고 사방의 모퉁이에 있는 사괘四卦는 동서남북을 상징한다. 곧 건괘(☰)乾卦는 동쪽·봄·하늘을, 곤괘(☷)坤卦는 서쪽·여름·땅을, 감괘(☵)坎卦는 북쪽·겨울·달을, 이괘(☲)離卦는 남쪽·가을·해를 의미한다. 이와 같이 태극기의 문양 속에는 우주의 생성과 변화를 태극과 음양, 그리고 사괘로 설명하는 유교적 우주론이 담겨 있다.

하지만 한국의 근대화는 사실상 조선시대의 유교 전통을 벗어나는 과정이었기 때문에, 태극기의 사상적인 의미가 국민 사이에 쉽게 다가서기 어려운 실정이었다. 우리의 근대화는 국가의 교육과 정치는 물론이요, 사회 각 영역이 자율성을 보장받는 서구의 근대적인 방식을 모방했기 때문이다. 이런 면에서 조선왕조가 근대 민족국가로 성공적인 전환을 달성하지 못하고 일제 식민지로 전락한 역사를 거치고도 태극기가 계속 국기로 살아남았다는 사실이 이상할 정도다. 일제시대부터 해방 이후의 한국 사회에서 유교는 대개 조선의 멸망에 책임이 있는, 시대에 뒤떨어진 전통으로 치부되기 십상이었다. 비록 유교 전통이 완전히 없어지지 않고 국민의 의식과 관습 속에 잔존해 있지만, 현재 하나의 세력으로서 유교는 사회적 의미를 상실한 지 오래다. 2008년부터 폐지된 호주제 같은 가부장적 제도 문제로 간혹 유림儒林이 사회적인 관심의 대상이 될 뿐이다. 정교분리政敎分離의 헌법질서 속에서 유교는 근대체제에 부합하는 새로운 정체성을 확립하지 못하고 사회의 주변부로 밀려나게 되었던 것이다.

쇠잔해진 유교 전통과 더불어 유교의 종교성은 사회적인 인식을 얻지 못하고 있는 실정이다. 다시 말해 유교는 아직도 한국 사회에서 종교의 시민권을 확보하지 못했다. 1985년 유교학회儒敎學會에서 유교 현대화의 과제로 공맹화孔孟化, 한국화, 대중화와 함께 '종교화'를 제시한 적이 있다. 종교화가 하나의 과제가 되었다는 사실 자체가 유교의 종교적 위상이 미약하다는 반증이다. 예를 들어 인구 조사의 종교 항목에 자신의 종교를 유교라고 적는 사람은 극히 소수에 불과하다. 더 나아가 고급 지식을 생산하는 대학교의 학문체계에서도 유교를 종교로 인식해서 연구하는 경우는 매우 드문 실정이다. 이러한 상황에서 태극기의 종교적 의미에 대한 사회적 망각은 자연스러운 현상일지도 모른다.

유교 문화의 종교적 요소들

근대 이전에 동아시아 문명을 책임졌던 유교에는 손쉽게 하나로 뭉뚱그려 재단하기 힘든 다양한 영역들이 담겨 있다. 예를 들어 국가의 통치를 논의하는 경세론經世論, 의리에 맞는 삶을 추구하는 의리론義理論, 자신의 존재론적인 성숙을 지향하는 수양론, 사회의 다양한 인간관계의 방식을 규정하는 예학禮學 등 다양한 영역이 유교 문화 속에 있다. 그런데 얼핏 보면 종교와 무관해 보이는 유교의 각 영역들은 종교적 요소와 관련이 있다. 원래 유교의 '유儒' 자체가 샤먼shaman처럼 제사를 관장하는 무축巫祝에서 유래했다고 한다. 다시 말해 '유교'라는 문화의 담당자인 유儒 자체가 고대 사회에서 신에 대한 제사를 관장하는 직책을 수행했다. 물론 이러한 발생학적인 종교성에 근거하여 그 이후 유교의 모든 역사를 종교로 일반화할 수는 없을 것이다. 하지만 우리가 현재 알고 있듯이 유교가 단지 철학이나 윤리만으로 설명될 수 없다는 사실 또한 인정할 수밖에 없다.

유교의 종교성을 쉽게 확인할 수 있는 대표적인 사례는 바로 조상제사다. 자신의 뿌리인 조상에 대한 보은報恩의 정성으로 드리는 제사의례는 조상과 현재의 나, 그리고 미래의 후손을 연속적으로 이어주는 역할을 한다. 조선시대의 유학자들은 자신의 죽음이 완전한 단절이 아니며 제사를 매개로 생명의 연속을 이룬다고 보았다. 그래서 그들은 죽음이 다가오면 미리 직접 묏자리도 보고 편안하게 죽음을 맞이할 수 있었다.

제사는 혈연 공동체의 연속성을 보여주는 중요한 의례이면서 동시에 효도라는 핵심적인 덕목의 실천이 된다. 그런 의미에서 조선 후기에 일부 천주교도가 자기 부모의 사후死後 존재를 상징하는 신주神主를 부정하고 훼손한 사건은 용납될 수 없었다. 지금 대부분의 사람은 조상을 추모하고 친족의 화목을 도모하는 사회적 의식으로 제사를 이해한다. 하지만 조선의 유교사회에서 제사는 조상의 신격神格과 상호 교감하고 자기 존재의 근원을 확인하는 신성한 의례였기 때문에 제사 금지가 천주교 박해로 이어졌던 것이다.

종교 사이에 발생하는 갈등과 대립에서 유교는 자신의 종교적 정체성을 극명하게 표출하게 된다. 특히 유교의 윤리를 형이상학적으로 정당화하고 새로운 수양론으로 궁극적인 인격의 변화를 추구한 신유학에서는 이단을 배척하는 '벽이단'이 중요한 과제였다. 벽이단은 다른 종교나 사상을 비판하는 학문적 투쟁을 말한다. 예를 들어 조선 문명의 기본 구조를 설계한 정도전鄭道傳,

1337~1398은 《불씨잡변 佛氏雜辨》(1394)을 지어 불교를 공격했다. 그리고 조선 후기에는 성리학 전통을 정학正學으로 보호하고 서양의 종교를 사학邪學으로 규정하여 배척한 위정척사론衛正斥邪論이 유행했다.

벽이단이 부정의 방식이라면 도통론道統論은 긍정의 방식으로 유교의 종교적 신념을 뒷받침한다. 주희는 유교의 진리가 계승되는 계보학적 전승 관계를 도통론으로 제시했다. 그는 요·순 같은 고대의 성왕聖王이 하늘을 계승하여 세운 진리가 공자와 맹자로 이어졌으며, 그 뒤 1,000년간 도통이 단절되었다가 다시 신유학에서 계승했다고 보았다. 그런데 도통론에서 제기하는 진리의 계보도 결국은 하늘로 귀결된다. 도통을 전승하는 성현은 말이 없는 하늘을 대신하여 진리를 제시한 이상적 인격이기 때문이다.

유교에서 하늘은 인격적인 주재자에서 우주론적인 이치, 형이상학적인 실체에 이르기까지 그 의미의 변화가 다양했다. 그리고 궁극실재로서 하늘은 다른 종교와 마찬가지로 인격성과 비인격성의 요소를 공유하고 있었다. 예를 들어 성리학에서 하늘은 이치와 동일시되면서 비인격성이 강조되었지만 인격적 주재자인 상제의 위상이 완전히 부정된 적은 없었다. 오히려 상제를 마주하는 듯한 실존적 경건성의 경敬 공부가 중시되었다.

《불씨잡변》

정도전이 유교의 입장에서 불교의 진리를 비판한 책. 성리학의 이(理)와 기(氣) 개념에 입각해 불교의 윤회설과 인과설(因果說) 등을 공격했으며, 불교가 인간과 세계에 대한 인식을 그릇되게 하여 인륜의 질서를 파괴한다고 했다. 불교는 이단이므로 배척해야 한다는 결론을 내리고 있다.

성리학의 핵심적인 공부이자 수양의 방식 가운데 거경居敬은 자기 마음속의 하늘인 본성이 온전히 실현되도록 실존적인 경건함을 유지하는 길이며, 궁리窮理는 자기 외부의 사물에 나아가 그 안에 있는 이치를 파악하는 길이다. 여기서 외부 사물의 이치를 파악하는 궁리의 공부가 언뜻 합리주의처럼 보일 수도 있다. 하지만 성리학의 공부는 결국 궁극실재와 하나가 되는 이상적인 삶을 추구하는 길이었다. 곧 사물의 이치에 대한 인식도 마음속의 본성을 실현하여 일상의 사회적 관계에서 의리를 실천하는 윤리적 인격의 형성을 지향한 공부였다. 그리고 이러한 인격은 의리를 위해 목숨을 초개草芥처럼 버리고 빈부貧富와 귀천貴賤의 사회적 조건에 휘둘리지 않는 삶을 영위할 수 있다고 생각되었다. 따라서 인격의 궁극적인 성숙을 지향하는 성리학은 단지 이성적인 합리주의로 규정될 수 없다.

흔히 정약용은 고대 유교의 인격적 주재자인 상제를 부활시켰다는 점에서 종교적인 데 비해, 성리학 전통은 하늘의 인격적 주재력을 부정하고 이치로 환원했다는 점에서 이성주의적 사유체계라고 대비되는 경향이 있다. 성리학의 사변적인 형이상학이나 심성론만 따로 떼어내서 강조하면 그렇게 보일 수도 있을 것이다. 하지만 그러한 사변성이 결국은 일상의 삶에서 궁극적인 자기 변화를 정당화시키는 이론적 근거가 된다는 점에서 기본 성격은 종교적이라고 할 수 있다. 인격적 주재력은 유교 전통도 인정하는 하늘의 권능이라 할 수 있다. 유교의 하늘이 비록 서양의 그리스도교처럼 말로써 자신을 표현하지는 않지만, 침묵 속에서 천지의 운행과 사계절의 변화를 주재하는 우주적 권능을 지니고 있기 때문이다. 하늘의 인격성이 탈색되고 인간의 본성으로 내재화되는 유교의 역사를 근거로 유교가 종교에서 철학이나 윤리로 변했다고 볼 수도 있다. 하지만 하늘의 성격이 주재적인 인격신이건 내면화된 이치이건 그런 하늘을 궁극실재로 전제한다는 사고 자체가 종교적이다.

정약용에게는 하느님에 대한 믿음과 숭배만 있지 자기 수양이 결여되어 있다고 비판하는 사람도 있다. 이러한 논리는 인간이 피조물로서 하느님의 은총에 전적으로 의존하는 그리스도교 일부의 입장을 정약용에게 덮어씌운 격이다. 비록 정약용이 하늘의 임재臨在와 감시에 대한 실존적인 믿음을 갖고 있었지만, 그것은 오히려 수양의 근본으로서 제시된 것이다. 그는 보이지도 들리지도 않는 하늘에 대해 느끼는 두려움을 말하는데, 이런 두려움은 '절대타자'인 창조주 앞에서 느끼는 피조물의 감정하고는 다르다. 정약용이 말하는 실존적인 두려움은 자신의 본성으로 내려오는 윤리적 명령을 온전히 실현하기 위한 자기 성찰적인 수양의 자세이기 때문이다. 이런 의미에서 하늘을 섬기는 종교의 영역이 사람을 섬기는 윤리와 하나로 관통하는 정약용의 사유는 종교적 인본주의라고 할 수 있다.

'종교' 개념의 인식론적 성찰

세계의 수많은 종교를 몇 개의 유형으로 포괄해서 이해하면 개별 종교가 갖는 일반적인 특성을 파악하는 데 도움이 된다. 그래서 우리는 종교의 유형 속에서 유교가 갖는 고유한 종교성을 생각해 볼 필요가 있다. 종교의 유형을 크게 분류하면, 우선 인격신인 창조주를 절대적인 타자로 믿고 숭배하는 유일신 전통의 종교를 들 수 있다. 창조주와 피조물의 존재론적 차이를 엄격하게 설정하여 신앙의 경건함을 중시하는 종교에는 유대교, 그리스도교, 이슬람교가 있다. 둘째는 인도 힌두교의 《우파니샤드 Upanisad》처럼 참된 자아와 우주적인 본질을 동일시하여 양자의 존재론적 합일을 중시하는 종교 전통이다. 이런 종교는 내면적인 관조를 통해 신비적인 합일을 지향한다. 마지막으로 조상과 자신의 생명이 연속체를 이루고 일상에서 윤리적 인본주의를 지향하는 유교를 들 수 있다. 유교의 윤리적 인본주의는 윤리적 규범이 하늘의 명령인 본성으로 내재한다는 사고에 기초한다. 따라서 윤리적 실천에만 초점을 두고 보면 마치 윤리로만 보이지만 실제로는 초월적인 근거를 전제한다.

"하나의 종교만 아는 사람은 아무 종교도 모른다"는 입장을 기초로 출발했던 종교학에서는 현재 유교를 당연히 하나의 종교로 여긴다. 미르체아 엘리아데Mircea Eliade, 1907~1986를 비롯한 종교학자들이 세계 종교에 대해 저술한 책에는 유교가 당연히 포함되어 있다. 특히 서양에서 중국의 종교를 다룰 때 유교는 도교·불교와 더불어 종교의 범위에 들어간다. 이처럼 서구 학계에서 유교가 하나의 종교가 된다는 사실은 상식이다. 우리나라의 근대 초기에 입국했던 외국인 중에는 유교를 종교가 아니라 윤리라고 보면서 한국에는 종교가 없다고 기술한 경우도 있었다. 하지만 지금 한국의 종교학계에서는 일반 시민과 달리 유교를 종교라고 보지 않는 경우가 거의 없다. 물론 서구적인 시각이 무조건 우리의 판단 기준이 되어야 한다고 말하는 것은 아니다. 하지만 아직까지는 서구 학계에서 인류 전체의 종교사를 조망하는 작업을 주도해왔다는 점에서 이러한 서구의 학문적 성과를 음미할 필요가 있다.

그런데 우리나라의 일반 국민만 유교를 종교로 보는 견해가 희박한 것이 아니라, 일본이나 중국처럼 유교 전통을 갖고 있는 이웃 국가의 사정도 비슷하다. 서구 근대 학문을 아시아에서 가장 빨리 받아들여 발전시킨 일본에서도 유교 전통을 종교로 인식하는 견해는 소수에 불과하다. 더구나 일본에서 종교학은 대개 일본의 고유 종교인 신도神道나 신종교, 민속종교처럼 작은 전통을 다루는 경향이 크며 유교처럼 유구한 역사와 보편적인 사상을 가진 경우는 거의 다루지 않는다고 한다. 유교의 발상지이자 본고장인 중국의 경우는 말할 것도 없다. 비록 근래 일본과 중국에서 유교를 종교로 보려는 입장이 없는 것은 아니지만 어디까지나 극소수 학자의 주장에 불과하다. 이에 비해 대다수의 학자들은 여전히 사회 질서를 뒷받침하는 '도덕'이나 합리적인 이성의 '철학'으로 유교를 규정하려 든다.

한국과 일본, 중국처럼 유교 전통을 갖고 있는 나라에서 유교를 종교로 보지 않으려는 경향을 보이는 것은 역설적이게도 서구의 그리스도교를 종교의 기준으로 삼기 때문이다. '종교'는 서양의 'religion'을 번역할 때 새로 채택되어 사용하기 시작한 근대 용어로서, 믿음을 중시하는 서양의 그리스도교 문화를 배경으로 확산되었다. 따라서 그리스도교적인 요소가 종교 여부를 판단하는 기준으로 작동하면서 유교는 종교에서 배제된다. 예를 들어 그리스도교처럼 초월적인 인격신, 비합리적인 경험과 신앙이 유교에는 없으므로 유교는 종교가 아니라 윤리이고 철학이라는 논리가 생기게 된다. 또 유교가 도덕으로 종교를 대신했으며 유교는 귀신을 멀리하는 합리주의와 일상의 실재성을 중시하는 현실주의라고 주장하는 경우도 있다. 이런 입장에서 보면, 이치의 궁구를 주장하는 성리학은 합리주의적인 철학이지 비합리적인 종교가 아니다.

유교의 종교성을 인정하지 않는 사람은 '유교儒敎'보다는 '유학儒學'이라는 용어를 선호한다. 전자가 종교를, 후자가 철학이나 윤리를 각각 함축한다고 생각하기 때문이다. 하지만 이런 이분법적인 분류는 유교 전통과 괴리가 있다. 맹자는 일찍이 "학문의 길은 다른 것이 아니라 잃어버린 본래 마음을 구할 뿐이다〔學問之道 無他 求其放心而已矣,《맹자》〈고자告子·上〉〕"라고 말했다. 성리학에서는 잃어버린 본래 마음을 우주적 이치, 곧 하늘의 내재인 본성의 발현으로 본다. 정약용은 '하늘을 섬기는 학문〔事天之學〕'이라는 표현을 사용한다. 이러한 사례들에서 알 수 있듯이 유교의 학문이란 단지 합리적인 지식이나 사변적인 논리이기보다는 윤리적인 자기 성찰이나 실존적인 경건의 길을 의미한다. 그리고 유교에서 가르침[敎]은 우주적인 진리를 성인이 체득하여 제시한 가르침이기 때문에 배움[學]과 동전의 양면처럼 하나를 이룬다. 따라서 유교와 유학은 지금처럼 종교와 철학으로 구분되는 것이 아니라, 성인의 가르침을 배워서 인격적인 성숙과 완성을 지향한다는 동일한 의미를 지닌다.

서구 그리스도교와 근대 문명을 배경으로 성립된 '종교' 개념이 상이한 역사적 맥락을 가진 동아시아 유교 전통과 그대로 들어맞기는 쉽지 않을 것이다. 다만 '철학'이나 '사회'처럼 근대의 번역어로 도입되어 현재 널리 통용되는 용어와 달리 '종교'가 유교 전통과 여전히 잘 맞지 않는 까닭은 생각해볼 필요가 있다. 우선, 종교를 초자연超自然과 초이성 超理性, 그리고 사적인 믿음의 영역에 배치한 서구 계몽주의의 근대적 인식 구조를 생각할 수 있다. 이런 식의 배치는 근대적인 패권을 차지하는 합리적 이성의 과학과 대립되지 않으면서 종교의 고유 영역을 설정하기 위해 성립했다. 예를 들어 인간의 합리적인 이성적 분석으로 접근하기 어려운 '계시'라든가 '믿음'의 영역을 초이성적인 종교의 영역으로 정당화하는 식이다. 종교가 과학이나 윤리, 철학과 구별되는 자신의 고유성을 초이성이나 실존적인 믿음에서 찾았을 때, 그런 초이성이나 믿음은 유교 전통과 어울리지 않았다. 조선 시대의 정통 이념이자 공적인 윤리였던 유교가 현대 정교분리의 원칙 아래 사적인 믿음의 영역으로 자신의 정체성을 새롭게 확립하는 일은 쉽지 않았다.

종교라는 용어가 처음 도입되었을 때, 일부 유교 지식인들은 '종교宗教'를 서양의 'religion'보다는 '숭상해야 하는 성인의 가르침'으로 받아들이기도 했다. 이런 의미의 '종교'라면 유교 전통과 갈등을 빚지 않을 가능성도 있었다. 하지만 서구적 근대의 인식체계 속에 편입되는 과정에서 유교적인 의미의 '종교'는 사회적 인정을 획득하지 못했으며 유교의 종교화 역시 실패했다. 이러한 상황은 근대적인 종교 개념에 대한 학문적 성찰의 필요성을 제기한다. 서구 학계에서도 '종교'가 단지 학자들의 지성적인 목적을 위해 창안된 용어라고 보는 입장에서부터 종교개념을 폐기해야 한다는 주장까지 다양한 목소리가 나오고 있다. 최근 한국의 종교학계에서도 종교가 문화를 벗어나 있다는 탈문화적인 의미의 '종교' 대신 문화 속 종교의 현존을 승인하고 기술함으로써 문화에 대한 담론을 전개하고자 '종교문화'라는 개념이 확산되고 있다. 따라서 '종교'라는 용어를 유지하더라도 기존의 서구 중심적인 종교 개념을 반성하고 유교의 역사와 문화를 포괄하는 새로운 종교관에 대한 인식론적 성찰을 모색해야 한다. 지도地圖는 지형地形이 아니며, 종교라는 개념의 지도는 유교의 역사와 문화라는 지형에 맞춰 변형해야만 유교 문명을 새롭게 비추는 인식의 언어가 될 수 있기 때문이다.

우리 미래에 대한
성찰적인 물음, 실학

학문의 한류, 실학?

몇 해 전에 어느 일간 신문의 한 칼럼에서 우리나라의 실학 연구
가 중국에 소개되어 그들의 사상사 연구에 실학의 개념이 대두
하게 되었다는 글을 본 적이 있다. 곧 대중문화가 중국이나 일본
등 아시아 각지에 수출되어 인기를 끄는 것처럼 우리의 실학 연
구가 학술 차원에서 한류 역할을 한다는 내용이다. 중국의 실학
연구를 대표하는 학자들도 실학 연구에서 한국이 선구자이며 중
국에는 1980년대에 비로소 실학 연구가 시작되었다고 인정한다.
역사적으로 우리의 학문은 근대 이전에는 중국을 통해, 일제 식

민지 시대에는 일본을 통해, 해방 이후에는 미국을 통해 수입되어 온 것이 사실이다. 그러한 상황에서 우리의 실학 연구가 중국 학계에 영향을 주었다는 점은 주목할 만하다. 이러한 사실을 통해 우리는 '실학'이 우리 한국 학계에서 가장 선도적으로 연구한 대상이며, 동시에 단지 우리만이 아니라 동아시아 공통의 사상적 과제가 될 수도 있다는 가능성을 보게 된다.

우리의 실학 연구가 다른 국가보다 발전한 까닭은 우리의 고유한 역사적 배경에서 찾아볼 수 있다. 한국 사상사 연구에서 '실학'이 조선 후기의 새로운 학문과 사상을 가리키는 개념으로 등장하기 시작한 것은 일제 식민지 시대였던 1930년대였다. 당시 조선의 사상과 역사를 학문적으로 규명하려는 '조선학朝鮮學'의 열기 속에서 '실학'이 등장한 것이다. 식민지 조선의 학자들은 일제의 동화同化 정책에 학문적으로 저항하고 우리의 학문적 자주독립을 달성하려는 욕구로 조선 후기의 사상에 관심을 기울였다. 이는 일제에 의해 나라가 망한 상황에서 근대 국가를 주체적으로 달성하지 못한 조선 문명 가운데 근대와 근접한 조선 후기에 주목한 결과다. 조선 사회를 지배한 성리학에 대해 국가 멸망의 책임을 지우는 분위기가 강했기 때문에 성리학은 공리공담空理空談과 당쟁黨爭 등의 부정적인 측면만 부각되어 비판받았다. 이에 비해 조선 후기의 성리학 체제에 비판적인 문제를 제기하고 새로운 사유를 시도한 실용적인 사조思潮로서 실학이 강조되었다.

해방 이후 한국의 역사학계는 일제 식민지 시절에 정착한 이른바 정체성傀滯性 이론이나 타율성他律性 이론의 극복이라는 과제를 떠안게 된다. 전자는 우리의 역사가 왕조만 교체되었지 인류 역사의 발전 단계를 거치지 못하고 정체되어 있다는 이론이고, 후자는 말 그대로 우리나라가 주체적이지 못하고 외국에 의지해서 살아갈 수밖에 없다는 이론이다. 이 두 가지 식민사관植民史觀을 극복하기 위해서 조선 후기의 실학이 더욱 중요한 의미를 갖게 되었다. 다시 말해 우리 자체의 주체적인 사상적 모색을 통해 근대 사회로 자율적인 전환을 이룰 수 있는 가능성이 조선 후기의 실학에 있었다는 점이 강조된다. 이러한 시각에서는 성리학의 학문 체제가 보여준 각종 부조리와 모순을 극복하려 한 실학을 통해 근대 사회로 진입할 수 있었던 가능성이 중시되었다. 이것이 이른바 내재적 발전론의 입장이다. 이런 입장에서 경제적 차원에서는 자본주의의 싹[萌芽]이, 사회 계층의 차원에서는 신분제의 붕괴가 강조되곤 했다.

1930년대 이후 현재까지 조선 후기의 사상과 학문을 '실학'으로 규정해 연구를 진행한 결과, 현재 조선 후기를 생각하면 우리는 곧바로 실학을 연상하게 된다. 이처럼 우리 사회에서 실학은 근대 사회와 상응하는 주체적인 학문으로서 항상 긍정적인 의미를 갖는 것으로 표상되어왔다. 그리고 조선 후기를 대표하는 사조이니만큼 그 당시에도 실학자들의 사회적인 위상이나 영향력이 상당했으리라 짐작하기 마련이다. 하지만 조선 후기의 실학자나 실학이 조선 후기를 실제 대표할 만큼의 주도적인 위치와 권력을 갖고 있지는 못했다. 현재 우리가 실학자로 규정하는 대부분의 인물은 권력의 중심부보다는 주변부에서 학문활동을 했다. 그러므로 당연히 그들의 실제 영향력은 그리 대단할 수 없는 상황이었다. 이와 같이 실학 연구가 조선 후기의 시대사조로 구축한 '실학'이라는 개념적인 실재와 조선시대의 실제 상황 사이에는 괴리가 있는 것이 사실이다.

실학은 허구?

실학은 사실이 아니다. 그것은 개념이다. 우리는 실학이 조선 사상사의 역사적 실체가 아니며 그것은 실학이라는 통합 개념과 무관하게 자기 생각을 전개해온 개별적 사상가들을 통사적通史的으로 즉 체계적으로 꿰뚫어 기술하기 위하여 날조된 후대의, 즉 1930년대 이후의 최근세사적 개념이라는 것, 그리고 그 개념 속에는 1930~1990년대의 축적된 한국 사회의 문제의식과 또 메이지유신明治維新을 거치면서 근대 국가로 변용하는 과정에서 발생한 일본 사상사의 문제의식이 무의식적으로 전위된 의미 맥락이 개재되어 있다는 것을 밝혔다.

김용옥, 《독기학설(讀氣學說)》

한국 사회에 동양철학에 대한 사회적 관심을 고취시키고 대중적인 호응을 얻고 있는 도올檮杌 김용옥金容沃 1948~ 은 '실학' 개념의 파기를 주장했다. 그는 실학으로 규정된 조선 후기의 사상가들이 자신의 사유체계를 실학이라는 자의식을 가지고 전개한 것이 아니라고 주장한다. 곧 실학의 정체성을 공유하는 유학자들이 하나의 역사적 사실로서 실학을 전개한 적이 없으며, 단지 근대 학자들이 조선 후기의 사상을 근대적인 문제의식에 따라 '실학'이라는 허구적 개념으로 규정한 것이라고 비판했던 것이다. 이러한 그의 비판을 사실 그대로 받아들이게 되면, 우리가 지금까지 하나의 역사적 실재로서 중시해온 '실학'이나 '실학파'는 역사적 근거를 상실하게 된다.

우리가 현재 알고 있는 실학파는 대개 조선 후기에 사회·경제적 변화 속에서 드러난 성리학의 학문적 폐단을 극복하고 현실과 민생에 절실한 학문을 지향하는 근대 지향적인 사상가들이다. 학파의 성격을 좀더 구별해보면, 성호 이익 중심의 경세치용經世致用 학파·연암燕巖 박지원朴趾源, 1737-1805 중심의 이용후생利用厚生 학파·추사 김정희 중심의 실사구시實事求是 학파로 나뉜다. 경세치용 학파에서는 주로 토지 제도와 행정 기구의 개혁을 주장하며 농업을 중시하는 경향을 가진다. 이용후생 학파는 상공업의 유통, 생산 기구와 기술의 혁신을 주장하며 상업을 중시하는 경향을 띤다. 실사구시 학파는 경서經書와 금석金石 등의 엄밀한 고증을 지향하는 경향을 보여준다. 이런 실학파는 형이상학적이고 사변적인 학문 대신에 실용·실증주의를 제창하고, 인간 사회의 질서를 우주자연적 질서로부터 분리시키며, 중국 중심의 중화주의中華主義를 벗어나 독자적인 민족관을 주장하고, 차별적인 신분제를 비판했다는 점에서 근대적 사유와 가깝다고 평가된다.

기존의 실학 이해에 대해, 도올은 무엇보다 '실학＝반주자학反朱子學＝반봉건反封建'이라는 도식이 부당하다고 주장한다. 그에 따르면, 우선 사회 구조적으로 서양 중세의 봉건 제도와 유사한 일본 에도[江戶] 사회의 막번제幕藩制와 중앙집권적 관료 체제의 조선 사회는 애초부터 다르다. 일본의 근대화란 에도의 막번제에서 천황제天皇制로 전환하는 메이지유신의 체제를 의미하기 때문에 일본의 반주자학인 고학(고카쿠)古學은 반봉건과 상통할 수 있다. 하지만 이미 중앙집권적인 조선 사회의 성리학 체제를 비판하여 등장한 실학은 반봉건일 수 없다. 도올의 지적대로 조선을 서구적인 봉건제 사회라고 보고 실학을 반주자학이라고 규정하기에는 무리가 있다. 다만 기존의 실학 연구에서도 주자학을 전면 부정하는 반주자학으로 실학을 규정하지는 않는다. 예전에는 실학을 무턱대고 반주자학으로 보는 경우도 일부 있었지만, 주류적인 실학 이해에서도 그런 방식의 단순논법을 쓰고 있지는 않다. 우리가 실학자로 분류하는 사람들 가운데 적지 않은 인물이 주자학에 기초해서 실학적인 주장을 전개하기 때문이다.

도올이 기존의 실학 이해를 비판하는 핵심적인 쟁점은 '근대성'과 관련된다. 그는 서양 중심의 근대성을 기준으로 삼아 실학을 근대 지향적이라고 평가하는 방식을 비판한다. 곧 조선시대의 사상에서 주자학

🏛 고학

일본 에도시대에 당시 관학(官學)으로 받아들여지던 주자학을 비판하고 공자와 맹자의 원시유학으로 복귀할 것을 주장한 학풍을 말한다. 고학파의 대표적인 인물로는 이토 진사이(伊藤仁齋, 1627~1705)와 오규 소라이(荻生徂徠, 1666~1728)를 들 수 있다.

을 전근대前近代, 실학을 근대에 연관지어 전자를 부정하고 후자를 긍정하는 실학 논의를 비판한 것이다. 사실 서양의 역사발전 단계를 절대적인 기준으로 삼아 시대와 사상을 규정하는 도식은 재고할 필요가 있다.

그런데 내재적 발전론의 관점에서 실학을 역사적 사실로 보는 기존의 실학 연구를 비판하던 도올은 도리어 조선 역사의 근대성을 내재적 근대성의 맥락에서 보아야 한다고 주장한다. 곧 그는 근대성이 프랑스 혁명을 통해서만 세계로 전파된 완제 수출품이 아니라 인간이라는 존재의 조건에 내재하는 보편적인 갈망이라고 말한다. "인간다워지려는" 보편적인 갈망으로 근대성을 이해하자는 그의 제안은 서구 중심의 외재적인 근대성 담론에 대한 비판의 의미를 갖지만 '근대'라는 시대의 고유성이 어떻게 확보되는지 분명하지 않다. 실학과 근대성의 연관에 대한 도올의 문제 제기는 관성적인 실학 연구에 대한 인식론적 성찰로서 중요한 의미가 있다. 하지만 실학의 실체화에 대한 비판을 넘어 보편적인 갈망으로 내재적 근대성을 주장하는 관점은 아직 설득력 있는 대안이 되지는 못하고 있다.

실학과 우리의 자리

실학은 단지 개념이냐 사실이냐 하는 이분법으로 규정하기 어려운 주제다. 1930년대 이후 우리는 '실학'을 통해 우리의 현실을 이해하고 시대에 대응해온 역사를 축적해왔기 때문이다. 곧 조선 후기의 전통을 통해 우리의 현실을 개혁하려는 학문적 의지의 소산이었던 실학은 그 자체로 하나의 역사가 되었다. 일제 강점기 시절 민족주의 국학자들이 구국과 계몽의 관점에서 실학 연구를 시작한 이래, 해방 이후 자주적인 근대화를 뒷받침하는 사회·경제적 조건의 탐구에 이르기까지 실학은 유교 전통과 서구적 근대를 매개하는 역할을 수행했다. 이와 같이 실학은 우리 역사와 현실의 과제를 해결하는 학문으로 탄생하고 발전했기 때문에 한국사회에서 학문적 시민권을 획득하여 그 사회적 정당성을 획득할 수 있었던 것이다.

하지만 한국사회가 소위 압축적 근대화를 통해 서구적 근대문명을 성취한 현 시점에서 과거의 근대지향적인 실학은 더이상 학문적 매력을 갖지 못하게 되었다. 곧 기존의 실학 연구는 주로 토지제도나 상공업 발달, 생산기술의 혁신, 신분제 타파 등 사회·경제적인 조건에 주목하면서 서구적 근대와의 유사성을 강조하는 경향이 강했는데, 이러한 서구 모방의 실학은 이미 시대적 효용이 다한 것이다. 따라서 이제는 서구적 근대를 성찰하고 새로운 문명의 가능성을 모색할 때다. 이런 의미에서 우리는 정약용과 최한기가 제시한 학문과 주체에 대해 관심을 기울일 필요가 있다. 그들은 각자 고유한 '실학'을 통해 서구적 근대 이전에 사회·경제적 개혁안을 제시했을 뿐만 아니라 이기적인 욕망에 매몰되지 않는 새로운 윤리적 주체를 제시했기 때문이다. 곧 정약용과 최한기는 자신의 시대 뿐만 아니라 미래적 가치를 갖는 학문과 주체의 구성방식을 보여준 사례라 할 수 있다.

우선, 우리는 정약용을 통해 유구한 유교 문명의 경학 전통에서 실학적 사유의 단초를 발견할 수 있다. 근대 이전의 동아시아 사회를 지배한 성리학적 세계관에 대해 경학이라는 전통적 학문 방식으로 맞서면서 정약용처럼 방대한 업적을 낳은 사상가도 드물다. 이런 사실은 우리가 근대 이전의 유교 문명권을 반성적으로 검토할 때 정약용의 새로운 시각이 중요한 실마리를 제공할 수 있음을 암시한다. 중국과 일본에서 수행된 18~19세기 유교 사상과 정약용의 경학을 비교하는 작업은 서구적 근대와 다른 사유 전통을 비판적으로 조망할 수 있는 관점을 제공할 수 있다. 특히 정약용은 사회·경제적인 개혁안을 넘어 고유한 언어와 사유를 통해 인륜을 실천하는 윤리적 주체를 제시함으로써 새로운 인간 이해의 가능성을 열었다. 곧 하늘을 섬기는 진실한 마음으로 사람을 섬기는 윤리적 주체는 이윤 추구에 매몰되어 사람을 수단화, 상품화하기 쉬운 근대적 인간과 다른 사람의 길을 제시한다.

최한기에게서 우리는 근대를 넘어서는 유기체적이고 소통 지향적인 사유체계를 확인할 수 있다. 우선, 그는 서양의 근대적 자연과학을 수용하면서도 창조적인 역량을 발휘하여 자신의 새로운 언어로 우주의 만물을 유기적으로 포괄하는 기일원론氣一元論의 기학氣學을 구성했다. 이러한 사실은 학문의 세계성과 주체성이 새로운 차원에서 통합되는 창조성을 보여준다. 곧 최한기는 기학을 통해 맹목적인 세계성의 추종이나 고루한 주체성의 고집이 아닌 주체적인 세계성을 증명했다. 특히 그의 기학은 자연과 인간이 존재론적으로 소통하는 관계를 제시함으로써 인간의 욕망을 위해 자연을 착취하는 근대적 인간중심주의를 넘어서 있다. 더 나아가 그가 제시한 변통적 주체는 이기적 욕망에 매몰된 근대적 자아와 달리 세계와 부단히 소통하고 확장함으로써 공존의 책임을 다하는 윤리적 주체라 할 수 있다.

우리에게 실학은 무엇인가? 우리는 지난 근대화의 과정에서 '실학'이란 개념을 통해 우리의 학문과 삶에 대해 물어왔다. 따라서 20세기 초반 이래 서구적 근대화를 추진하기 위한 학문적 토대였던 실학은 한국사회의 정체성을 규정하는 핵심적인 용어였다. 하지만 이제 근대지향적인 과거의 실학은 사회적 매력을 상실했기 때문에 서구적 근대를 성찰하거나 새로운 문명의 가능성을 모색하는 새로운 실학을 고민할 시점이다. 곧 서구적 근대화에 몰두하여 산업화와 민주화를 성취한 현재의 한국사회가 어떠한 미래를 설계하고 어떠한 인간형을 지향할지 고민해야 한다. 이러한 미래의 고민은 기존의 근대적인 학문과 주체에 대한 총체적인 반성과 재평가를 요청한다. 이런 의미에서 우리에게 '실학'은 이미 지나간 과거의 해답이나 전통에 불과한 것이 아니라 우리 미래에 대한 성찰적인 물음이다.

에필로그
Epilogue

지식인 지도

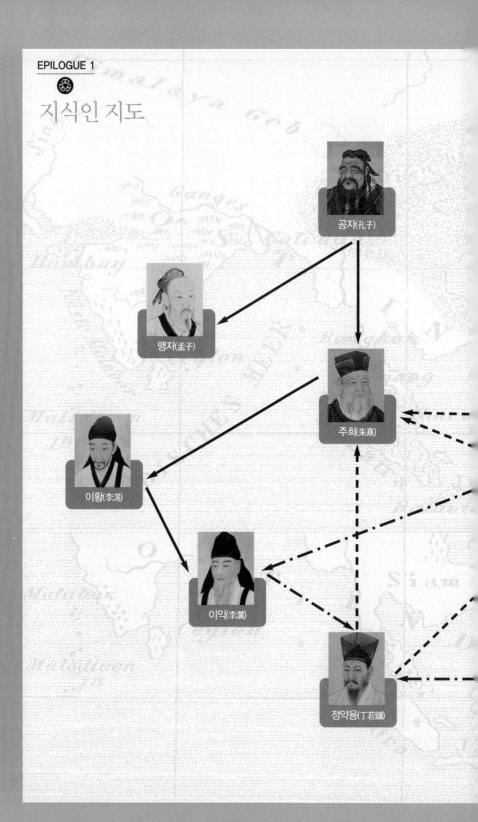

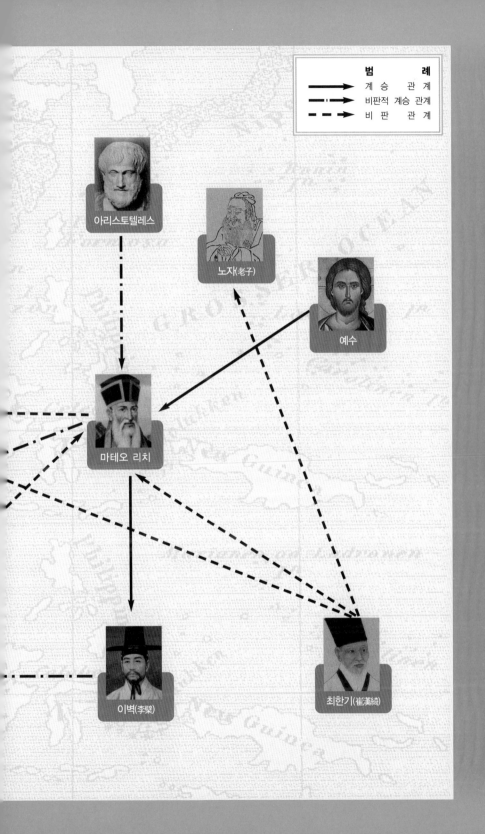

범   례

━━━━▶ 계 승 관 계
━·━·▶ 비판적 계승 관계
━ ━ ━▶ 비 판 관 계

아리스토텔레스

노자(老子)

예수

마테오 리치

이벽(李檗)

최한기(崔漢綺)

지식인 연보

• 정약용

1762	경기도 광주 마재(현 남양주시 조안면 능내리)에서 아버지 정재원(丁載遠)과 어머니 해남(海南) 윤씨(尹氏)의 4남으로 출생
1783	성균관에 입학하여 공부
1784	《중용》과 관련된 정조의 질문에 대해 《중용강의(中庸講義)》를 지음 이벽을 통해 서학에 대한 관심을 갖게 됨
1789	초계문신에 임명되어 《희정당대학강록(熙政堂大學講錄)》을 지음
1792	수원 화성(華城)에 필요한 〈성설(城說)〉·〈기중도설(起重圖說)〉을 지음
1798	홍역의 치료 방법을 제시한 《마과회통(麻科會通)》을 완성
1800	정조가 승하하자 낙향. 《여유당기(與猶堂記)》를 지음
1801	천주교와 연루되었다는 이유로 하옥되었다가 경상도 장기(長鬐)로 유배됨. 황사영백서(黃嗣永帛書) 사건으로 다시 투옥되었다가 전라도 강진으로 유배됨
1805	조선 후기 예송(禮訟)에 대한 인식을 담은 《정체전중변(正體傳重辨)》을 지음
1807	《상례사전(喪禮四箋)》 50권을 완성
1808	봄에 다산(茶山)에 있는 윤단(尹慱)의 산정(山亭)으로 거처를 옮김
1810	《시경강의보(詩經講義補)》와 《가례작의(嘉禮酌儀)》 완성
1813	《논어고금주(論語古今注)》를 지음

1814	《맹자요의(孟子要義)》·《대학공의(大學公議)》·《중용자잠(中庸自箴)》· 《중용강의보(中庸講義補)》를 지음
1815	《심경밀험(心經密驗)》·《소학지언(小學枝言)》 완성
1816	음악과 관련하여 《악서고존(樂書孤存)》을 지음
1818	목민관의 자세를 다룬 《목민심서(牧民心書)》를 완성 유배 생활 마치고 드디어 고향으로 귀향
1819	형벌의 문제를 논한 《흠흠신서(欽欽新書)》를 완성(1822 간행)
1822	회갑을 맞이하여 자신의 생애를 회상하는 〈자찬묘지명(自撰墓誌銘)〉을 지음
1834	《상서고훈(尙書古訓)》과 《상서지원록(尙書知遠錄)》을 개수(改修) 《매씨서평(梅氏書平)》을 개정
1836	자신의 회혼일(回婚日)에 죽음

• 최한기

1803	아버지 최치현(崔致鉉)과 어머니 청주(淸州) 한씨(韓氏)의 외아들로 출생
1830	《농정회요(農政會要)》 편찬
1834	고산자(古山子) 김정호(金正浩)의 〈청구도(靑邱圖)〉에 서문을 지음
1836	《추측록(推測錄)》과 《신기통(神氣通)》을 짓고 이 둘을 묶어서 《기측체의(氣測體義)》 9권 5책으로 만듦
1838	인재를 평가하는 내용의 《감평(鑑枰)》을 지음
1839	《의상이수(儀象理數)》를 엮음
1842	《심기도설(心器圖說)》을 지음
1851	송현(松峴)의 상동(尙洞)으로 이주하고 당호를 기화당(氣和堂)이라고 함

1857	《지구전요(地球典要)》 13권 7책을 엮음, 독자적인 기학을 제창한 《기학(氣學)》을 짓고 자신의 서재를 기화당(氣化堂)이라 함
1860	정치철학을 집대성한 《인정(人政)》 25권 12책 완성 《운화측험(運化測驗)》 2권을 지음
1866	《신기천험(身機踐驗)》 8권을 짓고 자신의 서재를 다시 명남루(明南樓)라고 부름
1867	《성기운화(星氣運化)》 12권을 엮음
1868	《승순사무(承順事務)》를 지음
1877	죽음

키워드 찾기

• **하늘**天上帝 본래 고대 유교 경전에 자주 나오는 인격신인데, 정약용은 상제가 인격의 하늘로서 만물을 창조하고 주재하는 궁극실재라고 보았다. 성리학에서는 하늘이 우주의 보편적인 이치[理]로 환원되면서 인격적인 의미는 약화되었다. 그런데 정약용은 영명한 지각 능력을 가지고 우리의 일상생활에 지속적으로 참여하는 상제를 그리고 있다. 가령 사람의 마음에서 일상적으로 나오는 도덕적인 마음이 바로 상제가 마음을 통해 전하는 명령이다.

• **신독**愼獨 《중용》과 《대학》에 나오는 개념으로서, 자기 혼자 아는 마음의 은밀한 움직임에 대해 삼가는 수양의 공부를 말한다. 다시 말해 실존적인 자기 성찰과 긴장의 의미를 갖는다. 특히 정약용은 신독을 상제의 초월적인 시선에 대한 의식 속에서 나오는 자기 성찰이라고 보고, 이러한 신독의 자세를 갖는 사람만이 일상에서 겪는 만일의 사태에도 적절하게 대응할 수 있는 윤리 주체가 된다고 생각했다.

• **본성**性 성리학에서는 우주적인 본질의 내재가 본성이었지만 정약용은 선(善)을 좋아하고 악(惡)을 미워하는 마음의 윤리적 욕구 작용을 본성이라 했다. 마음의 윤리적인 욕구[嗜好]로서 본성은 외부 관계 속에서 실현되어야만 그 욕구가 충족될 수 있다. 본성이 일상생활 속에서 현상적인 마음으로 발현되면 그것이 도심(道心) 곧 하늘의 명령이 된다. 정약용의 본성은 윤리적인 욕구라는 점에서 우주적 본질이자 이치의 내재인 주희의 본성과 다르다. 그리고 오직 선만을 지향한다는 점에서 선과 악을 모두 할 수 있는 마테오 리치의 인성(人性), 곧 이성적 추론 능력과 다르다.

• **권형**權衡 일차적으로 저울추와 저울대로 이뤄진 저울을 말하며, 이것은 마음의 갈림길에서 무언가를 선택하고 결단하는 내면 주체를 상징한다. 곧 하늘의 윤리적인 명령을 따를 것인지 아니면 그것을 어기고 이기적인 요구를 따를 것인지 하는 내면의 투쟁 속에서 선택하고 결단하는 윤리적 주체가 바로 권형이

다. 우리는 자신의 윤리적인 선택과 결단에 따라 행위할 수 있기 때문에 그 결과에 대해 윤리적인 책임을 진다. 주희는 선택과 결단의 주체를 암묵적으로 전제하지만 정약용처럼 명확하게 개념화하지 않았다.

• **인**仁 우주적인 생명력과 보편적인 원리이자 내면의 본질로 규정된 성리학의 인과 달리, 정약용은 구체적인 일상의 사회 관계 속에서 이뤄지는 포괄적 실천 덕목으로 인을 재정의한다. 특히 나와 남이라고 하는 두 사람의 일대일 관계 속에서 자기 자리에 맞게 직분을 다하는 행위가 바로 인이 된다. 윤리적 주체의 실천 이후에 인이라는 덕목이 성립하기 때문에 인은 선험적인 원리가 아니라 사후적인 덕목이다.

• **서**恕 공자의 도가 관통하고 있는 보편적인 실천의 원칙이며, 정약용은 이러한 공자의 서를 추서(推恕)라고 풀이한다. 추서란 자신이 남에게서 받기를 원하지 않는 대접으로 남을 대하지 않는 자세다. 이것은 수양 주체의 정직한 자기반성과 타인에 대한 배려를 포함한다. 이런 의미에서 추서는 남의 허물을 덮어주되 자신의 성찰이 부재한 용서(容恕)와 다르다. 정약용은 진실한 마음[實心]으로 서를 행하면 사람을 섬길 수 있을 뿐만 아니라 하늘도 섬길 수 있다고 보았다.

• **신기**神氣 최한기는 우주와 세계의 형성과 작용이 기를 통해 이루어진다고 보았는데, 신기란 신령한 작용 능력을 갖고 있는 기를 뜻한다. 신기란 원칙적으로 세계 속의 모든 개체 안에 내재해 있는 신령한 기의 양태로서 공통된 존재의 기반이다. 그래서 '하늘의 신기[天之神氣]', '사람의 신기[人之神氣]', '사물의 신기[物之神氣]'로 나뉜다. 그 가운데 사람의 신기는 사람의 몸을 주재하고 외부의 사물을 인식하고 판단하는 주체인 마음을 의미한다. 다시 말해 몸의 육체적인 작용과 연계되어 있으면서 각종 견문과 추측 등의 정신 작용을 하는 주체가 바로 신기다.

• **운화**運化 자발적인 창조와 생성의 능력을 갖고 있는 기의 운행과 변화를 의미한다. 최한기는 이러한 운화의 영역을 크게 인간 개인 차원인 일신운화(一身運化), 정치·사회적인 차원의 통민운화(統民運化), 우주와 자연의 천지운화(天地運化)로 나눈다. 일신운화는 통민운화를 받들어 따라야[承順] 하며, 통민운화는 천지운화를 받들어 따라야 한다. 결국 세계에서 가장 중요한 궁극적인 기준은 천지운화이며, 실제 인간의 공동체에서 관건이 되는 영역은 통민운화가 된다. 이 세 가지 층위는 비록 상이한 영역으로 구분이 되지만 모두 기의 운화의 양태라

는 점에서 보편적인 통일성을 전제한다.

• **추측**推測 사람의 신기인 마음의 핵심적인 기능이 바로 추측의 작용이다. 추(推)는 근거한다, 말미암는다는 뜻이고, 측(測)은 헤아린다, 안다는 뜻이다. 우리가 기존의 경험에 근거해서 새로운 사태의 이치를 알아가는 사유의 과정이 바로 추측인 셈이다. 미룸[推]과 헤아림[測]은 상보적인 관계를 형성해야만 특정한 경험에 얽매이거나 공허해지지 않을 수 있다. 추측은 감정과 본성, 움직임과 고요, 자신과 남 등 모든 삶의 영역을 포괄하는 인식의 방법이다.

• **변통**變通 천지의 운화를 기준으로 인사의 막힌 부분을 변화시켜 통하게 만드는 변화의 작용을 말한다. 원래 통함[通]에는 육체의 감각기관에 의한 형질의 통함과 추측에 의한 통함이 있다. 형질의 통함은 눈·귀·코·입·생식기·손·발·감촉에 의한 통함으로, 우리가 외부 세계를 경험하는 일차적인 통로에 의한 통함이다. 이에 비해 추측의 통함은 추측이라는 확산의 추론 작용을 통해 이뤄지는 통함이다. 천지의 운화와 신기는 변통의 대상이 아니라 변통의 기준이다. 변통은 운화와 신기를 목표로 우리의 한계를 변화시켜 양자를 일치시키는 끊임없는 변혁의 과정인 셈이다.

깊이 읽기

❖ 정약용과 최한기의 원전 번역서

· 정약용 《다산의 경학세계》 – 한길사, 2002

정약용의 경학 자료를 체계적으로 정리하고 번역해온 실시학사(實是學舍) 경학
연구회(經學硏究會)의 역서이다. 유교 경전에 대한 정약용의 관점을 보여주는 다
양한 글들을 한데 모아 분류한 뒤 번역하고 주석을 단 역서로서 육경사서(六經四
書)에 대한 다산의 경학 인식을 파악하는 데 필수적인 자료다.

· 정약용, 《국역 여유당전서 경집(經集) I – 대학(大學) · 중용(中庸)》 – 전주대학교출판부, 1986

성리학 이래 유교 경전의 핵심이었던 《대학》과 《중용》에 대한 정약용의 관점을
알 수 있는 번역서다. 정약용이 《대학》과 《중용》과 관련해 지은 책들을 최초로
번역한 이 역서 안에는 마음과 본성에 대한 그의 기본적인 시각을 볼 수 있는
《심경밀험》이 포함되어 있다. 따라서 정약용의 사유를 알고자 하면 이 책을 읽
어야 한다.

· 정약용, 《다산 맹자요의(孟子要義)》 – 현대실학사, 1994

역자 이지형은 정약용의 본성이나 자주의 권형에 대한 이해를 보여주는 《맹자
요의》를 이해하기 쉬운 한글로 풀어주고 있다. 《상서(尙書)》에 대한 정약용의 해
석을 담은 《매씨서평(梅氏書平)》도 번역한 역자가 원숙한 안목과 더불어 원문의
글자 교열까지 철저히 함으로써 정확하고 간결한 번역의 전범을 보여준다.

· 정약용, 《유배지에서 보낸 편지》 – 창작과비평사, 1991

다산 정약용이 유배지에서 보낸 편지를 모아 번역하여 그의 인간적인 면모를
알게 해주는 좋은 책이다. 편역자 박석무는 두 아들에게 보내는 편지, 두 아들
에게 주는 가훈, 둘째 형님인 정약전에게 보낸 편지, 제자들에게 당부하는 말로
책을 구성하여 독자들의 친근한 접근을 돕고 있다. 조그마한 문고판에다 주제

별로 간단한 제목이 달려 있어 누구나 가지고 다니면서 읽기에 적당하다.

· 최한기, 《기학》 - 통나무, 2004

모든 학문의 통일을 지향한 최한기의 기학을 알려주는 핵심적인 저서로서 최한기의 사상을 이해하기 위해서는 반드시 통과해야 하는 저서다. 역자 손병욱은 최한기 전공자로서 《기학》의 원문을 문단별로 구분해 문단의 주제나 논지를 표제어로 제시해주었다. 따라서 전체 목차에 제시된 표제어를 보고서 손쉽게 최한기의 사유 세계에 접근할 수 있는 훌륭한 역서다.

· 최한기, 《인정(人政)》 - 민족문화추진회, 1980

우리나라 국학(國學)의 대표 기관으로서 각종 중요한 원전을 번역해온 민족문화추진회의 역서다. 혜강 최한기가 지향하는 원대한 사회·정치 질서를 알려주는 핵심적인 문헌이다. 학계 전문가의 친절한 해제와 더불어 원문의 핵심 주제와 논지를 표제어로 달아서 누구라도 쉽게 다가갈 수 있도록 배려하고 있다.

❖ 정약용과 최한기 연구서

· 금장태, 《다산실학연구》 - 소학사, 2001

정약용에 대한 단독 저서가 몇 권에 이를 정도로 우리나라 최고의 다산학 전문가의 작품이다. 저자는 정약용의 경학과 공부론, 심성론과 수양론, 예학과 경세론 등이 갖는 핵심적인 쟁점과 논지를 간결하면서도 친절한 글로 풀어주고 있다. 정약용의 거대한 사유 체계를 찾아 나선 저자의 발걸음을 따라가다 보면 독자도 다산학의 봉우리에 가까워질 것이다.

· 한형조, 《주희에서 정약용으로》 - 세계사, 1996

이 저서는 정약용의 사유를 주자학과 조선 유학의 전반적인 흐름 속에서 파악한 훌륭한 연구서다. 자연과 윤리를 아우르는 주자학의 이기론(理氣論) 내부에 존재하는 모순의 가능성을 조선조 유학이 어떻게 대처했는지, 그 모순의 파국 지점에서 정약용이 어떻게 새로운 대안을 제시했는지 흥미진진하게 보여주고 있다.

· 정일균, 《다산 사서경학 연구》 – 일지사, 2000

《대학》·《중용》·《맹자》·《논어》의 사서(四書)를 중심으로 정약용이 기존의 성리학적 세계관을 어떻게 극복하려 했는지 면밀하게 추적한 연구서다. 저자는 다산 경학의 사회적인 배경부터 이기론·생성론·인간론·윤리론·학문론에 이르기까지 다양한 영역을 힘 있는 글로 정리하고 있다. 주자학과 다른 정약용의 사서체계를 파악할 수 있는 좋은 참고서다.

· 김용옥, 《독기학설》 – 통나무, 1990

자신의 고유한 목소리와 문체를 가지고 있는 저자의 도발적인 최한기 연구서다. 매우 짧은 분량의 저서지만 이 글은 최한기를 '실학'으로 규정하던 학계의 관행을 전면적으로 비판하고 있다. 최한기의 삶과 시대 구분, 근대성의 문제 등을 간략한 가운데 전반적으로 다루고 있기 때문에 조선 사상사에 관심 있는 사람의 필독서다.

· 권오영, 《최한기의 학문과 사상 연구》 – 집문당, 1999

최한기 전문 연구자가 지은 책으로 학문과 사상 전반에 대해 정리한 중요한 학술 연구서다. 최한기의 학문 생애와 사우 관계부터 학문관·사회 사상·과학 사상에 이르기까지 다양한 분야를 망라해서 다루고 있다. 특히 그의 사유 세계를 알게 하는 각종 원전을 풍부하게 제시하여 깊이 있는 이해를 돕는 중요한 학술 연구서다.

· 박희병, 《운화와 근대》 – 돌베개, 2003

독특한 구성과 글쓰기로 최한기의 사상을 비판적으로 독해한 뛰어난 연구서다. 저자는 역사적인 근대를 기준으로 삼는 근대 확인적인 관점이 아니라 근대 성찰적인 관점에서 최한기 사상의 장점과 문제점을 요령 있게 정리하고 있다. 103가지의 이야기 단위로 구성된 이 책은 최한기를 조망할 수 있는 비판적인 자리로 우리를 인도한다.

❖ 정약용과 최한기를 이해하는 데 도움이 되는 책

· 이우성, 《실시학사산고(實是學舍酸藁)》 - 창작과비평사, 1995

한국 역사학계에서 실학의 계통과 특성을 분명하게 구분하여 제시함으로써 실학의 논의를 주도한 저자의 각종 논설과 비문 등을 모아 만든 저서다. 현대 한국사회에서 국학(國學)의 종장(宗匠)으로 평가되는 저자가 선현의 학문과 업적 등을 다룬 이 책은 정약용과 최한기의 연구뿐만 아니라 다방면에서 실사구시(實事求是)의 학문정신을 보여준다.

· 마테오 리치, 《천주실의》 - 서울대학교출판부, 1999

학계 전문가들의 협력으로 번역된 이 책은 동양과 서양, 유교와 그리스도교의 상호 교류를 보여주는 중요한 사상적 의미를 갖는다. 정약용은 이 책에서 영향을 받아 성리학을 비판하는 데 그 논리를 활용했으며, 최한기의 사유에도 《천주실의》의 흔적이 남겨져 있다. 정약용과 최한기의 새로운 사상적 모색을 이해하는 데 매우 중요한 필독서다.

· 김문식, 《조선후기 경학사상연구》 - 일조각, 1996

조선 후기 정조 시대 이래 지금의 서울과 경기도 지역의 학자들이 도모한 사상적 변화를 경학과 경세론을 통해 보여준다. 특히 이 저서는 한학(漢學)과 송학(宋學)의 절충 문제와 더불어 경학과 경세론의 연관 관계를 규명하고 있다는 점에서 조선 후기 사상사뿐만 아니라 정약용을 이해하는 데 많은 도움을 준다.

· 김교빈 외, 《기학의 모험》 1·2 - 들녘, 2004

동아시아 전통 사회에서 핵심적인 지위를 갖다가 근대 이후 주변부로 물러난 '기(氣)' 개념의 현대적인 부활을 시도한 저서다. 1권에서는 기의 역사와 철학을, 2권에서는 기의 문화를 다루고 있다. 여러 필자의 논문뿐만 아니라 토론 내용도 싣고 있어서 갖가지 궁금증에 대해 말해준다. 최한기의 기학이 갖는 현재적인 의미를 이해하는 데 많은 도움이 되는 교양 서적이다.

EPILOGUE5

찾아보기

인류의 지성사를 이끌어온
100인의 지식인 마을 주민들